Ardımızda Bıraktığımız Dünyalar

ketebe

1. BASKI

Eylül 2024
İstanbul

ISBN: 978-625-6126-22-0
Ketebe Genç: 24

Yayın Yönetmeni: Furkan Çalışkan
Editör: Zeynep Tuğçe Noyan
Son Okuma: Osman Toprak
Mizanpaj: Nilgün Sönmez

Ketebe Yayınları
Sertifika No: 49619
Maltepe Mahallesi Fetih Caddesi No: 6 Dk: 2
Topkapı 34010 İstanbul Tel: 212 612 29 30
e-mail: ketebe@ketebe.com

Baskı ve Cilt
Sertifika No: 44452
Mega Basım Yayın San. ve Tic. A.Ş.
Cihangir Mah. Güvercin Cad.
No: 3/1 Baha İş Merkezi A Blok
Kat: 2 34310 Haramidere -
Avcılar / İstanbul Tel: 212 412 17 00

Ardımızda Bıraktığımız Dünyalar

A.F. Harrold

Resimleyen Levi Pinfold

Türkçesi Ümmühan Altun Şaşmaz

ketebe

Michael Groom, Alex Bell ve James Heywood için
Ve bir zamanlar varlığını bildiğimiz o vahşi ormanlar için
A. F. HARROLD

Isaac için
LEVI PINFOLD

İÇİNDEKİLER

Bazıları Doğar

Bazıları içinde doğar huzur ve neşenin
Kimisi ise kederin
Sadece bir günlüğüne buradayız oysa
Yarın olmayacağız nasılsa

Stevie Smith
"Stevie Smith'in Toplu
Şiir & Çizimleri"nden
(Faber, 2015)

PAZARTESİ

Hex, kızın nasıl yaralandığını tam olarak anlayamamıştı.

O sabah, Hex ve Tommo bisikletlerine binmiş, tren raylarının üzerinden geçip, tepeden aşağı, ormana doğru yola koyulmuşlardı.

Haritada, kasabanın dışında, uzakları işaret eden tombul bir parmak gibi görünüyordu orman.

Ormanın içinden bir dere akıyor, ağaçlar her iki tarafta iki yüz metre genişliğinde bir şerit oluşturuyordu. Ama ormanın içine doğru ilerlediğinizde, ağaçlar gitgide küçülüp daralıyor, sizi kuşatıyor ve sonunda gözden kayboluyordu. Ağaçların ötesinde, solda, komşu kasabaya çıkan bir yol vardı. Sağda ise, çiftçilerin geniş, dümdüz tarlaları uzanıyordu.

Kaybolacak kadar büyük bir orman değildi ama içinde kendinizi unutacağınız kadar büyüktü bu orman.

Ağaçlar üstünüzde bir kule gibi uzanıyor, daha yukarılarda, minik, benek benek mavilikler, gece gökyüzündeki yıldızlar gibi hiçbir şey söylemeden size göz kırpıyordu.

Yolun bitiminde, Hex'le Tommo'nun fren balatalarından toz dumanı ve tiz sesler yükselmeye başladığında görmüşlerdi kızı, evinin ön bahçesinde...

Onlardan birkaç yaş küçüktü. Sınıfı okulun en alt katındaydı, muhtemelen daha ana sınıfında falandı, onların sınıfı ise okulun en üst katındaydı.

Adı Sascha ya da onun gibi bir şeydi. Evlerinin ön bahçesindeki çimenlerin üstüne oturtmuşlardı onu. Oyuncaklarına kitaptan bir şeyler okuyormuş gibi yapıyordu. ('Okuyormuş gibi' çünkü kitap traktörler hakkındaydı sanki; Hex gerçekten de kitapta böyle bir hikâyenin anlatıldığına inanamamıştı.)

'Bir zamanlar koca bir devi öldüren bir prens vardı,' demişti kız, 've prens zindana gönderilmişti çünkü öldürmek yanlış bir şeydir ve prens zindandayken gardiyanın kızına âşık olmuştu. Ne var ki, kız onunla evlenmeyecekti çünkü o bir devi öldürmüştü ve öldürmek yanlış bir şeydi. Ama prens dedi ki,

"O dev kralı yiyecekti." "O zaman kral da daha dikkatli olsun," diye cevap verdi kız. Bir elmayla evlendi, elmanın hepsini yiyip bitirdi ve sonsuza dek hep mutlu yaşadı. Son.'

Ön kapı biraz aralıktı; içeride bir yerlerden, belli belirsiz sesler duyuluyordu.

Kız kitabını indirmiş, güneşe karşı gözlerini kısıp, bir elini gözlerine siper ederek onlara bakmıştı.

"N'apıyorsunuz?" diye sormuştu.

"Hiçbir şey," demişlerdi.

Ama o yine sormuş, onlar da ormana gittiklerini söylemişlerdi. Derenin üstündeki yüksek yamaca kurulmuş salıncak vardı. Sıcak bir günü geçirmek için iyi bir yerdi burası.

"Ben de geleceğim," demişti kız, oyuncak bir atı kitabının arasına koyup, dikkatlice çimenlerin üzerine yerleştirirken.

"Olmaz," demişlerdi.

Ama o ayağa kalkmış ve arkasını her iki eliyle silkelemişti.

Sonra avuç içlerini içine çekerek koklamış ve "Mmmm, siz de bu taze kokuyu sevmez misiniz?" demişti.

Çimen kokusunu kastediyordu galiba ama yine de tuhaftı.

Tommo ve Hex tam o anda birbirlerine bakmışlardı, hafif kıkırdayarak, biraz gergin ve kuşkulu . . .

"Yok olmaz, sen böyle iyisin," demişlerdi başlarını sallayarak.

Bisikletlerini alıp arkalarına bakmadan çekip gitmişlerdi.

Ve kız onların peşinden gelmişti.

Onu çağırmamışlardı, gelmesi için zorlamamışlardı, cesaretlendirmemişlerdi, onun gelmesini *istememişlerdi* ama o birdenbire, onların himayesinde, oradaydı işte!

Artık ormandaydılar ve her şey ters gitmişti.

Hex, her şeyin ardında ille de bir *sebep* aramakta yetişkinlerin neden bu kadar ısrarcı olduğuna sık sık hayret ederdi.

Onun tanık olduğu dünyaya uymuyordu bu durum.

Bazen, sınıfta, tam da başka bir işin ortasında ayağa fırlar, parmağıyla dışarıdaki bir sincaba işaret ederdi ya da o gün hiç de üzerinde durmadıkları, alakasız bir konu hakkında soru sorardı. Diğer çocuklar ona güler; öğretmeni, Bayan Short (ya da on dakika sonra müdür, Bay Dedman) onun gözlerinin içine bakıp, "Tanrı aşkına, niye yaptın bunu Hector?" derdi.

Omuzlarını silkip, "Bilmem," derdi. Onlar da Hex'in ukalalığa başladığını ve bir de üstüne karşılık verdiğini söylerlerdi. Oysa o sadece doğruyu söylüyordu.

Orada, müdürün masasının önünde dikilip dururken, bazen bir cevap gelirdi aklına -"Çünkü sincabın atlayacağını düşündüm"- gibi bir şey, ama bu *sebepler, bu cevaplar* ancak olay olup bittikten *sonra,* sorguya çekildiği zaman gelirdi aklına; asla zamanında değil.

Tommo'yla bile, her sabah buluşur, akılları nereye eserse oraya giderlerdi.

İşte bugün de kendilerini ormanda buluvermişlerdi, ayaklarının dibinde Sascha'yla birlikte . . .

Sokağın sonundaki iki evin arasından geçen ağaçlık, dar bir yoldan aşağı bisikletlerini sürmüşler, doğruca ormanın ucuna inmişlerdi.

Burada köpek sahipleri için bir çöp kutusu ve uyarı yazısı vardı. Belediyenin daha fazla bina yapmak için burayı satmayarak ne kadar cömert davrandığı yazıyordu. Ve sonra, ağaçların altından içeriye uzanan patika bir yol vardı; güneşin vurmadığı, gölgeler içinde, yürünmekten aşınıp çıplak kalmış toprak bir yol...

Yıllar boyunca, yüzlerce kez gelmişlerdi buraya. Bu nedenle, içeri girerken hiç tereddüt etmemişler, yanlış yollara girmeden, doğru yerlere saparak ilerlemişlerdi. Ağaçların arasından geçip, derenin yukarısındaki yamaca giden tepeyi tırmanırken, Tommo nefes nefese kalmış, astım cihazını tıngırdata tıngırdata içine çekiyordu. Sascha'nın onları takip etmesi, bir köpek yavrusu gibi ayakları etrafında dolanıp koşması, onlara sorular sorması, kahkahalar atması şarkılar söylemesi neredeyse hoşlarına gidecekti.

Ama onun bu coşkusu utandırıyordu onları. Hex, bu utancın, bir kuş gibi omzuna konduğunu hissetmişti. (Hatta bu duygu daha çok kaygıya benziyordu.) Kuş, kulağını gagalayıp durmuş ama hiçbir şey söylememişti.

Nihayet bisikletlerini yere bırakmışlardı.

Sağda, kenarda, derenin yüksek bir yamacının ucunda, büyük bir meşe ağacı vardı. Ağacın kökleri, altındaki kerpiç duvardan dışarı fırlamıştı. Bir merdivenin basamaklarına benziyordu.

Üstteki dallardan birine, bir ip bağlanmıştı. Pörsümüş, kalın, mavi bir naylon ipti bu. İpin ucunda, kalınca bir düğümle yerine sabitlenmiş, sağlam bir sopadan oturak vardı.

Salıncağın altında, yüksek yamacın dibinde, soluk renkli toprağın arasından, bir yılan gibi kıvrıla kıvrıla akıyordu dere. Üzerinde lekeleri olan, karanlık bir aynaydı sanki.

Keskin, soğuk bir kışın ardından uzun ve kurak bir bahar gelmiş, haftalardır yağmur yağmamıştı. Su sığdı. Çakıl taşları kuru kafalarını havaya doğru dışarı çıkarmışlardı.

Ağacın köklerini basamak olarak kullanıp aşağı inebilirdiniz. Ve işte Hex de böyle yapmıştı.

Bir eline baş hizasındaki oturağı almış ve yamacı geri tırmanırken, oturağı arkasına çekmişti.

Tepede, bacaklarını ahşap çubuktan sarkıtmış ve tam da Tommo, "Hey, en önce ben binecektim!" diye bağırırken fırlamıştı.

"Geronimo!"[1]

---

1 Kızılderili bir apaçi liderinin adı. Özellikle yüksekten atlarken kullanılan bir nida. (ç.n.)

Hex bazen uçmayı hayal ederdi.

Sokakta ya da okul bahçesinde yürürken birden zıplardı, normal bir sıçrayıştı bu, zıpla, atla ve sıçra oyunundaki gibi bir sıçrama... Ve havada öylece asılı kalırdı.

Aklına gelen bir düşünceyle ve azminin de gücüyle, biraz daha yükseğe çıkardı.

Arkasından pelerinleri havalanan, kollarını öne doğru uzatmış bir süper kahraman gibi değil; havaya sıçramış, ama henüz yere inmeye niyetlenmemiş küçük bir çocuk gibi uçardı.

Ve dümeni eline alıp istediği yöne kırar, geri döner ve daha da yükselirdi. Yukarıdan aşağıdaki arkadaşlarını seyreder; siyah, asfalt görünümlü okul çatısına ya da evlerin kiremit çatılarına bakardı. Televizyon antenleri arasından, kasabanın

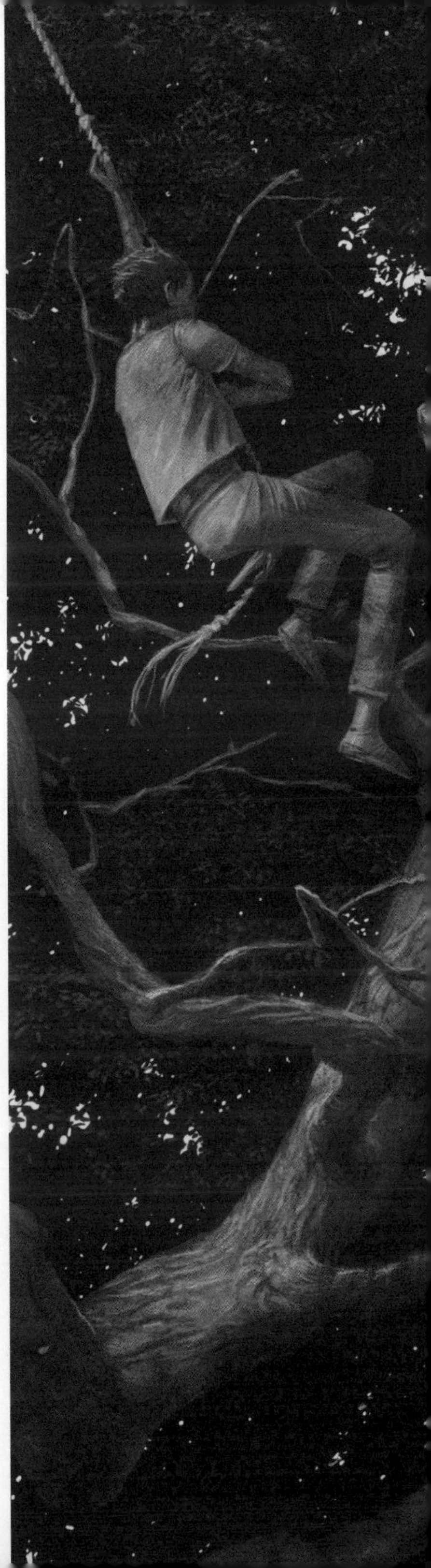

üstünde, dışında, ilerisinde, her yerinde gezinirdi; mutlu ve yüreği hafif...

Hayalinin hepsi bu kadardı işte. O özgürlük ve sevinç duygusu... Asla bir macera değil, bir tiyatro oyunu değil; ona bağıran ya da ondan bir şey isteyen hiç kimse yok.

Aşağıdaki insanlar parmaklarıyla onu gösteriyor ya da ona bir şey söylüyorlarsa da o, hiçbir şeyi fark etmezdi. Gökyüzü koşusu için kendisini biraz daha, biraz daha yukarı ittirirken, saçlarının arasından geçen rüzgârla ve çatıların tepelerine değen ayak parmaklarıyla havada sadece kendisi vardı.

Bu salıncak, gerçek hayatta onu bu hayallere en çok yaklaştıran şeydi.

Yer çekimi, sizi bir iki saniye unuttuğunda... Sizi geri çağırmadan önce, havalanışın zirvesindeki o özgürlük... Yüreğiniz ağzınızda o yükseliş, alçaldıkça kalbinizin pır pır çırpınması, yere iniş... ve sonra tekrar yukarı... Yamaç seni tekrar çağırıyor ve sonra... bir ara ve yeniden havadasın, elini uzatsan tutacaksın, bir adım atsan varacaksın... ama hayır, yapmıyorsun, tekrar aşağı dalıyorsun... Hız, hız ve sevinç...

(Bu his, mahalle parkındaki salıncaklarda duyduğundan farklıydı. Çünkü burada ellerinde kaba bir ip; kalçasının altında eğri büğrü, çıkıntılı bir sopa; tepesindeki o kalın dal parçasının sallanırken çıkardığı gıcırtı sesi; her yanı kuşatan ağaçların yemyeşil ışığı ve tüm bunları aynı anda deneyimlerken bir yabancının attığı düğüme güvenmenin riski vardı. Bu, bir çeşit mağara adamı olmak gibi bir şeydi; ödevleri, sınavları ve yatma zamanı olan, günümüzdeki bir okul çocuğunun hissettiği türden bir şey değil...)

Tommo, onu yakalamadan önce derenin üstünde defalarca sallanmıştı ve şimdi yer değiştirmişlerdi. Hex, en iyi arkadaşının gözlerini kapatıp ipi sıkıca kavrayışını izlemişti. Tommo'nun neler hissettiğini tahmin etmiş ve yine gülmüştü.

Ve sonra Sascha, "Şimdi sıra bende!" demişti. Bunu söylerken, parmak uçlarının üstünde zıplamış ve elinde tuttuğu soyulmuş, ince bir dalı sihirli bir değnek gibi sallamıştı. Ve böylece sözleri, oğlanlar için bir emir haline gelmişti.

Hex, salıncağın oturağını tutarken, dünyanın yörüngesinin hafifçe bir yöne doğru kaydığını hissetmişti. Sonra Tommo, kızı yukarı kaldırmış ve kızın bacaklarını salıncağın üstünden sarkıtmıştı. Önce birini, sonra diğerini...

Kızı orada, havada, büyük meşe ağacının yanında, ayakları yerden kesilmiş bir halde öylece serbest bırakmışlardı. Önünde koca bir boşluk, altında bir dere, diğer tarafta uçsuz bucaksız ağaçlar ve aralarında yine boşluk ve temiz bir hava...

"Hazır mısın?" diye sormuştu Hex.

Ve ilk defa, kızın gözlerinde tedirginliğe benzer bir şey görmüştü.

Ama Hex, Tommo'dan önce davranmış, çoktan bırakmıştı kızı. Kız savrulurken, döne döne sallanmıştı.

Ve kız hiçbir şey söylememişti.

Ve orman hiçbir şey söylememişti.

Ve aşağıdaki dere hiçbir şey söylememişti.

Ve sonra Sascha, yemyeşil ağaçların tepesinde bir sarkaç gibi dönerken kahkaha atınca sessizlik uçup gitmişti.

Bir salıncakta sallanırken, yükselmek ve sallanmaya devam etmek için siz ne yapıyorsanız, Sascha da öyle yapmaya çalışmıştı, ama bir yandan kendisi de dönüp durduğu için, salıncak daireler çizerek çılgınca dönmeye başlamıştı.

Ve oğlanlar gülüyordu; çünkü birisinin eğlenmesine yardımcı olmuşlardı ve bu yüzden *İyi İnsanlardı.*

Ve biraz daha, biraz daha derken, bu sallanış biraz fazla uzamıştı.

Salıncak artık uslanmaya başlamıştı. Şimdi o kadar hızlı dönmüyor, Sascha, onu kontrol edebiliyordu. İleri geri sallanıyordu daha çok, ama yine de yamaçtan uzanıp tutulacak mesafede değildi. Kızın tüm çabalarına rağmen, salıncak yavaşlıyordu.

Ve Hex, köklerin oluşturduğu basamaklardan dereye inmiş, kız aşağıdan geçerken onu yakalayıp, salıncaktan inmesi için kıyıya doğru çekmeye çalışmıştı.

Ne var ki kız kazara Hex'e çarpmış ve onu sırtüstü düşürmüştü. Su, kot pantolonun arkasını ıslatmış; iç çamaşırı birden, tenine soğuk soğuk, ıslak ıslak değmeye başlamıştı.

Ve yukarıdaki yamaçta Tommo katıla katıla gülüyordu. Kahkaha atmaktan nefesi kesilmiş; bir yandan ağacın gövdesini tokatlıyor, bir yandan da parmağıyla Hex'i işaret ediyordu.

Salıncak ileri geri sallandıkça yukarıdan ona bakarken Sascha da gülüyordu.

Hex'in hissettiği tam olarak sahneye çıkılan o ilk an gibiydi; bütün gözlerin üzerinizde olduğu... Tüm dünya sizi izliyor ve siz küçülüyorsunuz.

Kendisini ancak mikroskopla görünebilecek kadar küçük hissetmişti.

Yukarıdaki ağaçların tepelerine bakarken bir sincabın yüksek bir daldan diğerine atladığını görmüştü. Özgürce uçuyor, sonra tekrar yere konuyor, biraz duruyor ve dönüyordu. Simsiyah, boncuk gözleri onu seyrediyor; Hex'in, kış için saklanacak bir fındık olup olmadığına karar vermeye çalışıyordu.

Ve Hex küçücüktü.

Sascha, yaptığı kabahatten habersiz, şarkı söyleye söyleye, onun üstünde sallanmaya devam ediyordu.

Hex'in kalbi güm güm atıyor, kulakları garip ritimlerle çınlıyor, yanakları alev alev yanıyordu.

Ve sonra, diğer taraftaki alçak kıyıya çıkarken, eli kurumuş bir çamur parçasını kavradı. Ayağa kalkacakken aniden arkasına dönüp fırlattı.

Çamur parçası, Sascha'nın yanından vınlayarak geçti ve karşı kıyıda bir toz bulutu bırakarak ufalandı.

Sascha'nın sırtı ona dönüktü. Hiçbir şey görmemişti.

Ama Tommo görmüştü ve her nedense (hiç de iyi bir nedeni yokken), kendi toprak parçasıyla karşılık vermişti ona.

Son birkaç hafta kurak geçtiği için çamur fırlatıldığı anda ufalanıyor, yere çarparken puf diye paramparça oluyor ve havada toz bırakıyordu.

Sascha, belki şans eseri, belki de sallanma becerisinden, hepsinden de kıl payı kurtulmuştu.

Ta ki...

Hex'in son attığı bir toprak parçası değildi; bir taştı. Yumruk büyüklüğünde çakmaktaşı mavisi renginde bir taş...

Pantolonundan, bacaklarının arkasına, çoraplarına kadar buz gibi soğuk sular damlıyordu.

Ve hiç de onu hedeflemediği, öyle bir niyeti olmadığı halde, taş Sascha'nın omzuna çarptı.

Sascha hızla dönmeye başladı.

Ve sonra ip elinden kaydı, yere düşmeden önce tepe üstü döndü.

Bir müddet asılı kaldı sanki.

Öyle yavaş bir düşüştü ki...

Dünya izlemek için durmuştu.

Öyle yavaştı işte...

Hex her şeyi gördü.

Kız taşlı dereye düşmeden önce, kırılan dalın çıkardığı sesi duydu.

Sonra dünya tuttuğu nefesi bıraktı ve Sascha bir çığlık kopardı.

Ve Hex taş kesildi.

Hex yukarı baktı ve Tommo'nun meşe ağacının gövdesine yapıştığını, bir anda sapsarı kesildiğini ve bir noktaya boş boş bakakaldığını gördü.

Sonra aşağı baktı ve Sascha'nın dere yatağında sırtüstü yattığını gördü. Sascha inleye inleye ağlıyordu.

Yüzü kıpkırmızı ve ıslaktı. Göğsü, feryatlarının arasında, hıçkırıklarla sarsılıyordu. Ve sağ kolunun şekli... tuhaftı.

İkinci bir dirsek çıkmıştı kolundan sanki.

Ve derenin rengi kırmızıya dönmüştü. Sascha'dan sızan ince bir kırmızılık, kıvrıla kıvrıla akıyor, taşların arasında dolanıyordu.

Hex tekrar yukarı baktı. Tommo ortadan kaybolmuştu.

Şimdi sadece kendisi vardı, bir de kız, su ve orman...

Ve kımıldayamıyordu.

Ayağı yerden kalkmıyordu, kalksa bile kendisini nereye götürürdü, bilmiyordu.

Kaçıp gidecek, olay yerini terk edecek, tüm bildiklerini inkâr mı edecekti, yoksa koşup yardım mı edecekti?

Yardım etse bile, ne yapacaktı ki? Kolunun şekli tuhaf bir hâl almış, ağlayan bir çocuğa ne yapılırdı, hiç bilmiyordu.

Ne kımıldayabiliyor ne de konuşabiliyordu. Tüm bedeni bir deliğin içine kaçmış gibiydi. Taş değil, bir camdı artık sanki, saydam ve kırılgan... Tek bir hareketle paramparça olabilirdi.

Ve sonra, tılsım bozulmadan önce, bir köpek -hayatında gördüğü en büyük köpekti bu- gölgelerin arasından çıktı;

kocaman, gri ayaklarının üstünde yumuşak adımlarla ona doğru ilerlemeye başladı.

Şapır şapır ses çıkararak kıpkırmızı akan dere yatağı boyunca ilerledi ayakları. Burnu yerde, dili dışarı sarkmış, gözleri simsiyah parlıyordu.

"Yaprak!" diye seslendi bir kadın sesi. "Yaprak! Nereye kayboldun?"

Ufak tefek, aydınlık ve neşeli bir çehresi olan bir kadın ona doğru yaklaşıyordu. Öyle *ihtiyar* bir yaşlı değildi ama kendi anne babasından daha yaşlıydı. Bir elinde uzun bir baston vardı.

"Ne buldun orada?" dedi kadın.

Köpek, yani Yaprak, hıçkıra hıçkıra ağlayan Sascha'yı kokladı ve hiçbir şey demeden sahibine baktı.

"Ah canım!" dedi kadın, kızı görünce.

Bastonuna yaslanıp, kıyının sığ tarafından kendine yol bulup, yavaşça aşağı indi.

"Iıı," dedi Hex. Orada ayakta dikilmiş, kımıldamadan duruyordu.

Köpek neredeyse onun boyundaydı, en azından omuzlarına kadar geliyordu. Gri, kabarık tüylü, solgun ama atik bir köpekti. Islak gözleri siyah yıldızlar gibi parlıyordu.

"Ne oldu?" dedi kadın, kocaman köpeği Sascha'nın yüzünü koklarken.

Kadının konuştuğu kişi kendisi miydi, kız mıydı, yoksa köpek miydi; Hex anlayamamıştı.

"Iıı," dedi yeniden.

Köpek burnunu Sascha'nın kulağına soktuğundan, kız hem ağlıyor hem kıkırdıyordu.

Orman Hex'e baktı ve hiçbir şey demedi.

Kadın Hex'e baktı ve "Sen ne yaptın?" dedi.

Aptal kız diye düşündü Hex birden. *Neden ipi bıraktı ki? Hepsi onun suçu. Aptal, aptal küçük kız.*

Ama, "Salıncaktan düştü," dedi.

"Ve kolunu kırdı, görünüşe bakılırsa," dedi kadın.

Hex, bir adım geri adım atarak, "Imm," dedi.

Kadın çömelip Sascha'nın alnına dokundu, omuzlarından tutup onu kaldırdı. Böylece Sascha şimdi oturuyor gibiydi; kadına bir şeyler mırıldandı.

Sascha'nın yine mırıldanarak bir şeyler söylemesine cevap olarak "Ne?" dedi kadın.

Hex'in bedenindeki her bir boşluk kusmukla doldu sanki.

Bir kımıldasa kusacaktı.

"Kimsin sen?" diye sordu kadın hışımla. O eski, neşeli hâlinden eser yoktu.

Köpek de kadının yanında oturuyordu. Tüylü, gri bir kaya parçası, kapkara parlayan gözlerle ona dik dik bakıyordu.

Kız gördü seni diye düşündü Hex. *Hiçbir şey söylemeden olmaz. Bırakıp gidemezsin. Kaçamazsın. Tommo'nun yaptığı gibi . . . Sen bu işin içindesin. Tam orta yerinde sıkışıp kalmışsın. Şu anda başın belada, büsbütün belada.*

Böylece kendisini bir yalan uydururken buldu.

"O benim küçük kardeşim," dedi. "Biz çamurla oynarken, kaydı . . . ve . . . düştü."

Kendi ağzından çıkan şeyler karşısında donup kaldı bir an.

Niyeydi bu yalan?

Kadın, onu boydan boya süzdü.

Bir müddet sustuktan sonra, "Gidip yardım çağırman gerek," dedi. "Öyle değil mi?"

Hex'in beklediği şey, sanki kadından aldığı müsaadeydi.

Ve böylece o an hemen koşarak fırladı.

Çok fazla uzaklaşmamıştı ki bir sorunla karşılaştı.

Hex'in önünde, ormanın içinden geçen patikanın tepesinde aceleyle ona doğru gelen insanlar vardı.

Tommo'nun yanında yetişkin bir adam ve genç biri vardı. Telaşla koşturuyorlardı. Endişe havaya yapışıp kalmıştı sanki.

Hex, eğrelti otlarının arasına daldı ve kendisini görmemiş olmalarını umarak hızlıca bir ağacın arkasına çömeldi.

İçten içe, onların kim olduklarını gayet iyi biliyordu.

Tommo'nun önderliğinde, Sascha'nın babası ve ablasıydı gelenler.

Tommo *yardım istemeye gitmişti.*

O bir *kahramandı*, Hex ise *saklanıyordu* . . .

Hex, onların geçip gitmesini izledi. Onu görmemişlerdi.

Aynı anda hem bomboş hem de düşüncelerle tıka basa dolmuş hissediyordu.

Biraz daha bekledi. Bir dakika. İki dakika. Ve sonra dışarı, patika yola doğru emekledi.

Artık özgürdü, gidebilirdi, Sascha güvendeydi, ambulans falan çağırmasına da gerek yoktu, ama . . .

Bisikleti arkada, o büyük meşe ağacının yanında kalmıştı.

Koşarken bisikletini orada unutmuştu.

Bisikleti olmadan eve gitmek uzun zaman alacaktı, babasına ne diyecekti?

Ve böylece . . .

Geri dönüp, ormanın içinden geçen patikayı takip etti ve yol çatallaşınca, yüksek yamacın tepesine çıkan yola saptı. Burada tepeden, Sascha'nın babasının, kızın yanında çömeldiğini gördü. Sascha dereden çıkmıştı artık, karşıdaki kıyıya yaslanıyordu.

Sascha'nın, Hex'ten birkaç yaş büyük olan ablası solgun görünüyordu. Uyuz olmuş gibi yerinde duramıyor, habire kollarının ucunu çekiştiriyordu.

Tommo, arkada koyun gibi sessizce, mahcup duruyordu.

Kadın ve köpeği Yaprak ise artık orada değildi.

Tommo ve Hex.

Kendilerini bildi bileli beraberlerdi.

Tüm dünyaya karşı biz ikimiz, derlerdi.

Dinamik ikili.

Herkes bunu bilirdi.

Aynı hastanede, birbirlerinden birkaç gün arayla doğmuşlardı.

Aileler bebekleriyle hastaneden ayrılıp eve geçtiklerinde de sürekli görüşmüş, birbirlerinden hiç kopmamışlardı.

İhtiyaç duyduklarında, bebek bakımıyla ilgili her türlü işi paylaşmışlar, çocuklarının neredeyse her yıl doğum günlerini ortak bir günde kutlamışlardı.

Çocuklar okula başladığındaysa, herkes onların birbirlerinden yavaş yavaş ayrılıp kopacağını, başka arkadaşlar bulacaklarını; tüm dostluklarda yaşandığı gibi onların da dostluklarının doğal ve olaysız bir şekilde, kendiliğinden, zaman içinde yitip gideceğini düşünmüştü ama öyle olmamıştı.

Tommo'nun annesi evi terk edip, babası oğluna soğuk davranmaya başladığında bile, onlar dostluklarına devam etmişlerdi. Sadece, Tommo, Hex'in onlara geldiğinden daha sık gelip gitmişti arkadaşının evine.

On yıl sonra bile, hâlâ birbirlerinin en yakın arkadaşıydılar.

Hex ve Tommo. Tommo ve Hex.

İkisi de hiç ifade etmemiş olsalar da, birbirlerini kardeş gibi severlerdi.

Hex bisikletini alıp gidebilirdi.

Tommo onu gammazlamazdı, biliyordu bunu.

Ortadan kaybolabilirdi ve kimsenin haberi olmazdı. Hiç kimse onu suçlamazdı.

Zaten kız da artık iyiydi, öyle değil mi?

Sağlık görevlileri gelmişti. Yeşil üniformaları parlıyordu. Sesler sakinleşmiş, yüzler neşeyle gülümsüyordu. Hex'in tanıdığı bir çocuk onlara öncülük ediyordu: Sascha'nın erkek kardeşi. Jason'mıydı? Jackson? İşte öyle bir şey. Çocuk onlarla yaşıttı ama farklı bir sınıftaydı.

Sascha bir lolipop alırdı, kolu da askıya alınırdı ve dünyadaki her şey düzelirdi.

Hex özgürdü.

Takıldığı kancadan kurtulmuştu.

Başı belada değildi artık.

Ve böylece, gerilimin sona ermesiyle, rahat bir kahkaha attı... Ama bu kahkaha, makul olmaktan uzak, epeyce yüksek sesle çıkmıştı.

(Sen niye azıcık sakin olamıyorsun be Hector?)

Aşağıdaki derenin yanındaki herkes yukarı baktı.

Ve işte Hex oradaydı, ağacın yanında bir çocuk . . . Yukarıdan hepsine bakıyor ve gülüyordu. Hem de yüksek sesle.

Sascha'nın ablası parmağıyla onu gösterdi, köpek gibi hırlayarak, homurdana homurdana bir şeyler söyledi.

Ve birden yerinden fırladı. Bir tavşan gibi, bir dağ gelinciği, bir yılan gibi. Etrafa su sıçratarak dereden çıktı, babası durması için bağırırken bile kök merdivenleri tırmanmaya devam etti.

Hex'in en son gördüğü şey, Tommo'nun yüzündeki ifadeydi: suçluluk, panik, korku, rahatlama, korku, panik, suçluluk ve *utanç* . . .

Hex bisikletini kaldırdı ve koşmaya başladı. Bir kez daha.

Eve vardığında vücudu terden yapış yapış olmuş, nefes nefese kalmıştı.

Hex, arka kapıdan içeri girdiğinde, babası, parmaklarının sırtıyla oğlunun alnına dokundu.

"Sen iyi misin delikanlı?" diye sordu. "Ter içinde kalmışsın, yanıyorsun."

"Bisiklet sürmekten," dedi Hex. "Biliyorsun işte, yokuş yukarı . . ."

"Ah! Temiz hava ve egzersiz! Ciğerlere çok iyi gelir," dedi babası ocağa doğru dönerken. "Şimdi hadi git de ellerini yıka, yemek neredeyse hazır."

Ve birazdan yemek hazırdı. Zaten sadece iki kişi olduklarından, dışarıya, kapı eşiğine oturup fajitalarını[2] yediler.

Hex, kendisininkini bitiremedi.

"Baba?" dedi.

"Evet?"

Bu sabah olanlar hakkında bir şey söylemek istedi, ama ne diyeceğini bilemedi.

"Frank ne zaman dönüyor?"

"Önümüzdeki hafta sonu," dedi. "Takvimde işaretli."

Frank Hex'in ablasıydı. Tatil için Fransa'da bir okul gezisindeydi.

Normalde onu görmeyi istemezdi. Yüksek sesle müzik dinleyen, başını kitaplarının arasına gömen sinir bozucu bir ergendi. Ama şimdi yüreği onu arzuluyordu.

Tommo, ormanda onu *yüzüstü bırakmıştı.* Ona gülmüştü. Birbirlerine tutunmaları gereken yerde çekip gitmişti.

O taşı atan Tommo olsaydı, Hex onunla kalırdı. Elbette kalırdı. Arkadaşlar böyle yapardı. Birbirlerine tutunurlardı.

Ve onlar da yıllarca böyle yapmışlardı. Ezelden beri...

Hex, sınıfta Tommo'nun homurdanmasına neden olan bir şey yaptığında bile (örneğin beden eğitimi dersinde üstünü değiştirirken iki bacağını da şortunun tek bacağına sokmak ya da

---

2 Fajita: Meksika mutfağından bir yemek. Genellikle ince şeritler halinde kesilmiş ızgara et, biber ve soğanla yapılır ve tortilla ekmeği ile servis edilir.

okuma köşesindeki armut koltuklara devrilmek gibi) beş dakika sonra buna katıla katıla gülerlerdi. Hex, sınıfta Tommo'yu gıcık edecek bir şey yaptığında bile (örneğin beden eğitimi için üstünü değiştirirken iki bacağını da şortunun tek bacağına sokup okuma köşesindeki puflara devrilmek gibi) beş dakika sonra buna gülüyorlardı.

Ama . . . bu yılın son yarısında, bir iki kez, Tommo'nun, *şşşş* deyip onu susturması ve gülmek yerine işine devam etmesi dikkatini çekmişti. Başı öne eğik, kalemle bir şeyler çiziktirmeye devam etmişti.

Sascha düştüğünde Tommo'nun yüzündeki ifade geldi aklına birden.

Ormandan dönerken, yol boyunca gözlerinin önünden hiç gitmemişti bu yüz.

"Sana kızgın değilim, sadece hayal kırıklığına uğradım," diyordu Tommo'nun yüzü, tıpkı bir öğretmenin yüzü gibi . . .

Tüm köprüleri yakmış mıydı acaba diye düşünmekten kendi alamadı. Yani, istemeden de olsa çok mu ileri gitmişti, çok mu . . . ne denir? Düşüncesizce davranmıştı? Bu kadar yıldan sonra, Sascha'nın kolu, dostluklarının belini kıran son darbe olabilir miydi?

Hex, bütün bunların hiçbirini ablasına söyleyemezdi; babasına ya da Tommo'ya söyleyemeyeceği gibi; hatta kendisine bile söyleyemeyeceği gibi . . . Bu durumu *kelimeler* değil, midesini allak bullak eden, o belli belirsiz kusma hissi anlatabilirdi ancak...

Ama...

Ama Frank, bazen yaptığı gibi ona gülümser, başının tepesini parmaklarıyla ovuşturur, sonra ona dangalak deyip, odasından def olmasını söylerdi. Ve böylece dünya, yeniden *normal* olurdu; mükemmel değil, yerli yerinde değil ama normal... O taş atılmadan önceki gibi olurdu her şey.

Normal.

Ama ablasının yerine, burada sadece kendisi, babası, düşünceleri ve bir de sabahki hatıralar vardı.

"Bunu yemeyeceksin sanırım genç adam?" dedi babası, Hex'in elindeki dürümü göstererek.

"Aç değilim."

"Solgun görünüyorsun," dedi babası, ona bakarken. Hafifçe Hex'in alnına dokundu yeniden. "Belki de biraz uzansan iyi olacak. Bence güneş çarpmış olabilir seni."

Ve babası onun bitiremediği fajitayı yerken, Hex yatağına uzandı.

Hex bütün öğleden sonra uyudu ve tam çay saatinde uyandı.

Hiç rüya görmemişti.

Ve yemek masasında otururken, hiç de daha iyi hissetmiyordu.

Annesi işten eve dönmüştü. Çatalını salataya batırırken, "İyi görünüyorsun Hector, güzel bir gün geçirdin galiba canım," dedi.

Hex tam da ne diyeceğini düşünüyordu ki, masada annesinin telefonu titreşti. Annesi gelen mesaja baktı; işiyle alakalı, hemen cevap vermesi gereken bir mesajdı bu. Hex, kancadan kurtulmuştu.

PAZARTESİ GECESİ

Hex, o gün ikinci kere uyumaya çalışırken, kulaklarında tekrarlanıp duran bir ses duydu. Karanlık odada çalan, sesli bir kitabın mırıltılarından daha gürdü bu ses.

Sascha'nın kolu.

Dizinin üzerinde bir dalın çatırtısı.

Sascha'nın kolu.

Ayağının altında bir dalın çatırtısı.

Sascha'nın kolu.

Gölgeler içinde bir çatırtı.

Bir endişe dalgalandı içinde.

Sascha'nın babası telefon açtığında, ya da oraya geldiğinde -ki bu kaçınılmazdı- babasının ne diyeceği endişesi...

Tommo onu ele vermemiş, onlara ismini söylememiş olsa bile, Sascha'nın ağabeyi onun kim olduğunu biliyordu. Herkes tanırdı Hex'i, hiç konuşmamış olsalar bile... (*bilirdi*, diye düzeltti kendisini, hiç kimse onu *tanımazdı.*) Dikkat çekiciydi Hex, bunu biliyordu.

Ama bu onun suçu değildi.

Derin sular fırıl fırıl döndü midesinde.

Onları takip eden Sascha'ydı.

İlle de salıncağa bineceğim diye tutturan Sascha'ydı.

İpi bırakan Sascha'ydı.

Bütün bunlar için kimsenin onu suçlamaya hakkı yoktu.

Ve böylece, endişeler takla atıp durdu içinde, ta ki uyuyakalıp, yeniden uyanana dek...

SALI

Kahvaltıdan sonra Hex bisikletine binip Tommo'nun evine gitti.

Gün ışığı, bir önceki gecenin gölgelerini alıp götürmüştü.

Bugünün, bisikletlerini kaldırımlarda bir aşağı bir yukarı sürüp, aylaklık edecekleri yeni bir gün olacağını düşünmüştü. Belki parktaki düzgün salıncaklarda bile sallanabilirlerdi. Yenilenmiş ve sıfırlanmış bir gün, tıpkı okulun başka bir tatil günü gibi . . .

Ama Tommo dışarı çıkamayacağını söyledi. Babasına yardım etmesi gerekiyormuş.

Bunları söylerken bir yandan da diken üstündeydi sanki.

Hex, gittikçe kısılan, kekelemeye benzeyen bir kahkaha attı. Sonra da koltuk altıyla uzayıp duran osuruk sesleri çıkarmaya başladı. Ama bu bile onun kendisine doğru düzgün bakması için yetmedi. Oysa önceden bu hareketler, Tommo'yu gülmekten yerlere yatırırdı. Hiç sekmezdi.

Tommo, başını belli belirsiz salladı ve neredeyse üzgün bir iç çekişle, "Hex," dedi.

"Peki, tamam," dedi Hex, bisikletini alıp uzaklaşırken. "Daha sonra."

Bisikletini sürerken içinde bir şeyler düğümlendi, düğümler dönen tekerlere sıkıştı ve onu kafasının derinliklerine çekti.

Güneş sıcak, hava pırıl pırıldı ama yine de bir gölge gelip kondu Hex'in omuzlarına . . .

Kolunu kıran aptal bir kız, (küçük kızlar her zaman bir şeyleri kırardı zaten, onların kemikleri daha yumuşaktı, çabuk iyileşirdi) Tommo'yla onun arasındaki bir şeyi de kırmıştı.

Yılların dostluğu çıt diye ikiye ayrılmıştı.

Saçma sapan bir şeydi bu.

Çok aptalca.

Eğer Tommo, bu şeyin aralarına girmesine izin veriyorsa; yamaçtaki uçurumun tepesinden aşağı elini uzatıp Hex'i o soğuk akıntıdan çekemeyecek kadar korkaksa ve "Önemli değil, senin suçun değildi kanka," diyemeyecekse; belki de onsuz çok daha iyi olurdu diye düşündü Hex.

İşte bu kadar.

Ama bu kadar da değildi işte.

Tommo'nun yüzü gözünün önünden gitmiyordu. Kolu kırılmış kızın yanında, yukarıya, kendisine bakan o solgun yüzü... İçinden bir şey kopup gidiyordu, adlandıramadığı bir şey...

Bir araba kornasının tiz sesi ve yanından vın diye geçen sıcak metalin uğultusu, onu birden, şok edici bir şekilde kendine getirdi.

İrkilerek durdu, bir ayağını kaldırım taşına dayadı.

Güneş tepesindeydi, altındaysa kısalan gölgeler vardı.

Gidip kapısını çalabileceği başkaları da vardı. "Hey! Selam Hector? Ne yapıyorsun?" diyecek çocuklar; ya da sokakta rastlayıp, "Ya, düşündüm de, eğer sen de istersen..." diyerek peşine takılabileceği çocuklar da vardı. Ama onların hiçbiri Tommo değildi.

Dinamik ikili.

Resmen iki kardeş.

Ve böylece Hex, yalnız başına bisikletiyle sokaklarda döndü durdu. Bozuk, çukur yollarda toz kaldırıyor, kaldırımlardan sekiyor, düz yollarda yere iyice yaklaşıp hızlanıyor, ayakları pedallarda iyice görünmez oluyordu ve beynine biraz hava giriyordu.

Fakat bu durumla ancak bir yere kadar başa çıkabilirdi ve çok geçmeden Hex eve gitmeye karar verdi.

Ama babası, güneş böyle parlıyorken, çocukların içeride oturmasını doğru bulmazdı. Yağmurlu bir iklimde büyümüş olmanın getirdiği bir şeydi bu. Bu nedenle, Hex yatağında oturup çizgi romanlarını okumak yerine, bahçedeki otları temizlemek zorunda kalacaktı muhtemelen. Ama bu bile, dışarıda, bir başına bisikletinin üstünde olmaktan daha iyidir, diye düşündü.

Bu yüzden Hex, kendisini, tepeden aşağı, tren raylarının üzerinden geçip doğruca ormana doğru bisikletini sürerken bulduğunda şaşırmıştı.

Sascha'nın kırık koluyla, evlerinin ön bahçesinde oturuyor olabileceği o sokağa sapmak yerine, ana yoldan devam etti ve kendini ormanın kenarı boyunca yavaşça bisiklet sürerken buldu.

Burası, daha az *ormansı görünüyordu.* Arkasında bir yol, ağaçlarla kendisi arasında bir kaldırım ve alçak, tahta bir çit vardı.

Bisikletini kaldırıma çıkardı ve ormanın içine giden patika yolda ilerledi. Burada, kırmızı renkte, başka bir köpek pisliği kutusu ve belediyenin tabelası vardı. Doğayı korumaya ne kadar önem verdiklerini söylüyorlardı.

Gölgelerin içine doğru yürüdü Hex.

Hava hemen serinlemişti burada.

Ah.

Her şey şimdi daha iyiydi.

Oh.

Burada olmak güzeldi.

Ağaçlar hayat doluydu.

Kuşlar şarkı söylüyor, sincaplar sıçrıyor, ağaçlar parıl parıl parlıyor ve hepsi birden onunla konuşuyordu, hiçbir şey söylemeden...

Hiçbir şey.

Artık hiçbir şey düşünmüyordu, ki bu gayet iyiydi.

Düşünmek insanı sıkıntıya sokardı.

Bir düşünce diğerine yol açar ve ilk düşünce kötü bir düşünceyse bir sonraki ona bakıp küçülür ya da omuzlarını silkip ondan daha beter olmaya çalışırdı.

Düşünceler birbiriyle çarpışır; en büyüğü, en güçlüsü kazanır ve kazanan her zaman nazik olmazdı. (Ve bu düşünceleri, diğer çocuklar gibi, öyle bir şakayla aklınızdan söküp atamazdınız.)

Hiçbir şey düşünmediği bir zaman dilimi olmuştu. İkinci dönemin hemen başında, Alfie Eaves sınıfta altına kaçırdığı zamanlardı. Koku herkesin dikkatini çekmişti.

Bayan Short, kayıp eşya kutusundan, çocuğa temiz bir pantolon bulmuştu. Ama Hex, teneffüste oğlanın ıslak kıyafetini ele geçirmiş, parmak uçlarıyla kıyafetin bir ucundan tutarak, kendi uydurduğu bir şarkıyla bahçede halay çekmişti.

Herkes katıla katıla gülmüştü. (Hatta gülmekten altlarına işemişlerdi de denebilirdi.) Alfie ve Bayan Short hariç...

Düşünerek yapmamıştı bunu. Bir şey diğerine yol açmıştı. Şarkı, dans, bir anda oluvermişti; o da herkesle birlikte izlemişti sanki. Kahkahalar hoşuna gitmişti, ama sonra...

Bir kere daha müdürün odasına çıktığında...

Annesiyle babasına gönderilen mektupla eve döndüğünde...

Yatağına gittikten sonra... Düşünceler aklına üşüşmüştü.

Neden?

Neden yapmıştı bunu?

Neden yapmıştı bunu o çocuğa?

Neden yapmıştı bunu kendisine?

Ve bu düşünceler, aklına Alfie'nin yüzünü getirmişti, Hex'i dans ederken gördüğü zamandaki yüzünü... Ve bu yüz, Bayan Short onu üstü başı sırılsıklam halde sınıftan dışarı çıkarırken takındığı yüz ifadesinden daha mahcup, daha büzüşmüş bir yüzdü.

Teneffüste bu kadar meyve suyu içersen böyle kazalar olur.

Ama bu onun suçuydu. Aptal çocuk, sınıfta altına kaçırdı. Kim yapar bunu?

Bir bebek.

Zaten bu sadece bir şakaydı, biraz eğlence olsun diye ... Hex'i pantolonuyla gördüğünde niye o kadar gerilmişti ki?

Aptal çocuk.

Ve bu son *aptal çocuk* düşüncesiyle, düşüncelerinin sona ermesi gerekirdi, ama öyle olmadı.

Asla öyle olmazdı.

Yatakta uzanırken, iki kişi gibi hissederdi kendisini: Biri bütün bunları yapan, diğeri ise izleyen. Ve her ikisi de birbirini anlamazdı.

Ve anılarında Tommo'nun da ona eşlik ettiğini görmüştü. *Herkes* gülmüştü. Ama bir sonraki sabah, okula giderken, Tommo, bu konu hakkında Hex'in duyabileceği şekilde hiçbir şey söylememişti.

Ve Hex o sessizliği tanımıştı. Ona hiçbir şey söylemeyen içindeki o sessizliğin tıpatıp aynısıydı çünkü.

Ama burada . . . burada ağaçların altında, yemyeşil gölgelerin içinde, her yer hayat doluyken tek başınaydı ama yalnız değildi artık. Hex, bu güneşli sabahta, kulaklarında kuş cıvıltıları, toprak yoldan aşağı bisikletini sürerken ne Alfie'yi ne Sascha'yı ne Tommo'yu ne de onlarla ilgili herhangi bir şeyi düşünüyordu . . .

Zihni tamamen boştu.

Özgür.

Açık.

Temiz.

Ve birkaç saniyeliğine, mutluluk içeri bakıp gülümsedi.

Hex kendisini, yamaçta, salıncağın asıldığı o meşe ağacının yanında, öylece dikilirken buldu. Aşağıdaki dere, kuru taşların soluk kubbeleriyle benek benek gözüküyordu.

Ayağının altında bir dalın çatırdadığını işitti yine.

Aptal kız. İpi bırakınca ne olacağını sanıyordu?

Sonra o sesi yeniden duydu.

Arkasında.

Arkasına döndü; işte onlardı. Sascha'nın ağabeyiyle ablası... Yeşillikleri eze eze ona doğru geliyorlardı.

Onlardan biri, Hex'in bisikletini elinden çekiştirerek bir kenara itti.

"Ne halt ettiğini sanıyorsun sen?" dedi abla, parmağını bir mızrak gibi Hex'in göğsüne saplayarak.

"Onun suçuydu," dedi Hex. "O bizim peşimizden geldi. Bizim fikrimiz değildi."

"Hastaneye gitmek zorunda kaldı, bunu biliyor musun sen?" diyerek Hex'i sarstı kız. "Belki de bir daha hiç resim çizemeyeceğini söylüyorlar, kırık o kadar kötü. Ve o resim çizmeyi çok sever."

Erkek kardeş, ergen kızın etrafını kolaçan ederek, dik dik Hex'e bakarak ama hiçbir şey söylemeden ortada bir ileri bir geri dolanıyordu.

"Biz h-h-hiçbir şey yapmadık," diye kekeledi Hex. "O bizim p-p-peşimizden geldi. Durmayacaktı. Zıplayıp durdu etrafımızda. O... o... durmayacaktı zaten."

Ve sonra Sascha'nın ablası Hex'e bir yumruk savurdu.

Hex'in kafası arkaya savruldu, sendeledi. Dünya dönüyor, dişleri zangırdıyordu.

Ağabey, "Bu Sascha için," diye bağırdı.

"Ailenden kimseye bunun yapılmasına izin vermezsin," diye tısladı abla. "Hele sana karşı koyamayacak küçücük bir çocuğa! Sen zorbaların en fenasısın!"

Elini sertçe Hex'in göğsüne koyup, onu itti.

Hex sendeleyip yere düştü . . . Ama yer orada değildi. Boşluğun içinde taklalar attı, yamacın kenarındaki ağaç köklerine çarpa çarpa, derenin kenarına varana dek yuvarlandı; yuvarlandı, yuvarlandı, yara bere içinde kaldı, kanadı.

Salıncağın oturağı, üstünde hareketsiz duruyordu.

Bildiği en kötü sözleri, küfürleri savurarak güç bela sürüne sürüne ayağa kalktı. Kan içinde kalan dudağına dokundu, elinin ıslanıp kırmızıya boyandığını gördü.

Ağzında metal tadı vardı.

Sonra yukarıdaki hareketlenmeyi duydu. Yaptıklarıyla hırslarını alamamışlar, toprakta sürüne sürüne yamaçtan aşağı iniyor, suyu sıçrata sıçrata, basamak taşlarında kaya kaya peşinden geliyorlardı. Hex, derenin karşı kıyısına tırmanıp, eğrelti otlarının içine daldı.

Başı döndü.

Midesi taş kesildi.

Ayakları çamurda şapırdadı.

Hayatı buna bağlıymış gibi koştu.

Daha önce hiç yumruk yememişti, yani hatırladığı kadarıyla . . .

Bu yumrukta elbette fiziksel bir acı vardı; dudağında, dişlerinde, yüzünde zonklayan bir acı. Ne var ki bu acı etinden geçip ruhuna işlemiş, aşağılanma ve şokla ruhunu zedelemişti.

Ve bunun için bir yara bandı yoktu. Hiçbir merhem, sargı bezi ya da soğuk kompres, sarsılmış bir benliği yatıştıramazdı.

Adeta bir eğrelti otu deryasının içinden geçiyordu. Otlar bacaklarını kırbaçlıyor, her iki yandaki ağaçlar hızla yanından geçiyordu.

Ayağının altındaki çatur çutur sesler, küt küt atan kalbinin sesiyle birleşip kulaklarını dolduruyordu.

Arkasında bir yerlerden bağırış sesleri geliyordu.

Koştukça, kendini ormanın derinliklerine doğru attıkça, bir gölgenin, yan tarafta, ağaçların arasından hareket ettiğinin farkındaydı.

Hex, kalın bir ağaç gövdesine tosladı, elleriyle sımsıkı ağaca sarılıp, kendini çekerek ağacın etrafında döndü ve kendini diğer tarafa itti. O gölge -gri, kocaman, karanlık bir şey- ağaçların arasında parlayıp, Hex'in soluna geçti.

Ve sonra Hex, eğrelti otlarının arasından çıktı; yapış yapış tarla sarmaşıklarını, kaz otlarını, ısırgan otlarını, fundalıkları

geçti; başını eğerek alçak dalların altından geçip patikadan tamamen çıktı; haritada bile olmayan bir yere geldi.

Ve gölge temposunu sürdürüyordu.

Bir kurttu bu.

Orada, ormanda, grinin en koyu tonunda, gölgeden bir halka kocaman ve sessiz adımlarla, ışığın içine ve dışına girip çıkıyordu.

Bir kurt onun yanında, onun hızında ilerliyordu.

Sascha'nın kardeşleri arkasında bir yerlerde; kocaman bir kurt yanı başında . . .

İşi bitmişti.

Çıkmaz bir sokakta farlar üzerine çevrilmişti sanki. Sıkışmış kalmıştı.

Bundan kurtuluşun yok, diye düşündü.

Birdenbire, ayaklarına dolanan yabani otlar gevşedi. Böğründe ani bir sancı, boğazında son nefesleri, ölümcül bir titreme bacaklarını esir almış, öne doğru sendelerken ağaçların yol verdiğini, ayaklarının altındaki yerin birdenbire ormanın o çelme takan köklerinden arınarak, dümdüz bir çimenliğe dönüştüğünü fark etti.

Kitaplarda okuyacağımız türden bir açıklıktaydı.

Tam olarak peri masallarındaki o düzlük gibi.

Karşısında orman yeniden başlıyordu; karanlık, ürkütücü, kadim, kıvrımlı, muazzam . . . Ama burada, bir daire şeklinde, yukarıdaki açık, gri ve fırtınalı görünen gökyüzünden başka bir şey yoktu.

Ve bir kulübe vardı.

Onu anlatabilecek tek kelime buydu.

Bir kulübe.

Tek katlı, sazdan bir çatısı[3] olan bir kulübeydi. Zaten küçük olan pencereler, elmas şeklinde kesilmiş onlarca küçücük camın, çapraz metal bantlarla birleştirilmesiyle daha da küçük görünüyordu.

Bacadan sarmal şeklinde duman yükseliyordu.

Bir duvara yaslı odunluk vardı. Kenarda, az ötede ise üstünde kendisine ait çatısı ve ipe bağlı kovası olan makaralı kuyulardan vardı.

Ve Hex, eli göğsünde, nefes nefese buraya bakarken solundaki ormandan o koca kurt çıktı. Omuzlarına gelecek kadar uzun, düşsüz bir uyku gibi karanlıktı. Ve Hex korkudan hıçkıra hıçkıra ağlayabilirdi; *ağlardı da,* eğer yüzü şoktan, acıdan, öfkeden, kandan sırılsıklam ıslanmamış olsaydı . . .

Yeniden yumruk yemiş gibi arkaya doğru sendeledi.

Ama sonra gördü ki o bir kurt değil, köpekti.

Ve bir gün önce ormanda gördüğü köpeği unutmuş olduğunu fark etti.

Ve bu o köpekti.

---

3 Genellikle İngiltere ve İrlanda gibi ülkelerde yaygın olarak kullanılan; saz, saman gibi bitkisel malzemelerden yapılan geleneksel bir çatı türü.

Ve kocaman, siyah, kederli gözlerle ona bakıyordu.

Zihni uyanarak, sabit bir disk gibi dönmeye başladı ve köpeğin ismini buldu.

"Yaprak," dedi.

Köpek karşılık vermedi.

Hex, yanında Yaprak'la beraber kulübeye doğru yürüdü.

Yüzü acıyordu.

Kaburgaları ağrıyordu.

Ayakları ağrıyordu.

Ciğerleri ağrıyordu.

Gözleri ağrıyordu.

Dişleri ağrıyordu.

Kalbi ağrıyordu.

Yaraları acıyordu. Ve şu anda bedeninin büyük bir bölümü yara bere içindeydi.

Yaprak ona doğru yaklaşınca Hex kolunu köpeğin sırtına doladı.

Köpek güçlü, sağlam, sıcaktı.

Bu bir rüya değildi.

Dere kenarına düşerken kafasını çarpıp, halüsinasyon görmeye başlamış değildi.

Bu gerçekti ama yine de ...

Kulübenin kapısı açıldı ve bir kadın dışarı çıktı; bir elinde bastonu olan, bir gün önce Yaprak'ın yanında gördüğü o kadın ...

Ve kadın çıkarken, gök gürledi; tombul yağmur damlaları yere düşmeye başladı.

"Onu içeri getir," dedi kadın.

Ve Hex, kadının, bunu kendisine mi yoksa köpeğe mi söylediğini anlayamadı.

Hex kocaman, yumuşak bir koltuğa çöktü.

Havada duman kokusu vardı.

Açık şömineden titrek bir ışık yayılıyordu.

Odun kokusu, taze ekmek kokusu . . .

Ateş. Sıcak. Odunun çıtırtısı.

"Ne oldu sana?" diye sordu kadın, güçlükle Hex'in yanına çömelirken.

Hex cevap vermedi.

Nasıl cevap vereceğini bilmiyordu.

Ne söylemeliydi?

Köpek odanın içinde ağır ağır geziniyordu. Bir masanın alt tarafı gibi uzun ve ince bacaklarının üzerinde sessizce etrafı gözetleyen, guruldayan bir gölge . . .

Sessizlik iyice uzadı.

Kadın, Hex'in yarılmış dudağına nemli bir bezle hafif dokunuşlarla pansuman yaptı.

"Bir kavgaya karışmışsın anlaşılan," dedi kadın.

Nemli bezle tekrar dudağına dokundu. Pıt. Pıt. Pıt.

"Biz karşılaştık," diye mırıldandı Hex. "Daha önce."

"Öyle mi?" dedi kadın, Hex'in yüzüne bakarak.

"Dün," dedi Hex.

Hex'in bir tarafı, kadına bunu hatırlatmayı istemiyordu.

Bir tarafı ise, kadının bunu zaten bildiğinin farkındaydı.

Kadın, sessizce Hex'in yüzündeki kanları temizledikten sonra, "Ah, şu zavallı kız. Evet, sen de oradaydın, öyle değil mi?" dedi.

"Evet," dedi Hex.

Kadın bir müddet daha Hex'in yüzündeki kanları temizledi, sonra bir tabaklığın yanına gidip bir sürü çanak içinden küçük bir çanak seçti ve onu Hex'e getirdi.

"Bu biraz canını acıtacak," dedi.

Elleri yumuşak ve kırışık, tırnakları ise ojesizdi.

Elmaları, armutları ve birkaç tane daha meyveyi kokladı.

Temiz bir bezin ucuyla, çanaktan biraz merhem alıp Hex'in şişmiş dudağına, kulağının üstünde hiç farkında olmadığı bir kesiğe ve sonra da yara bere içindeki ellerine sürdü.

Ve kadın haklıydı, merhem canını yakmış, acıdan gözleri yaşarmıştı ama yine de kımıldamadı.

Köpek; Yaprak, etraflarında gezindi, sonra yere çöküp başını Hex'in dizlerine koydu. Hex'in gözlerinin önünde, gölgeler bir girdap gibi duvarda döndü; ateşin ışığı titreşti ve sonra tekrar eski hallerine döndüler.

"Seni sevdi," dedi kadın. "Adı Yaprak."

"Biliyorum," dedi Hex. "Dün öyle seslendiğinizi duydum."

Hex ellerini ovuşturup merhemi, yara berelerine iyice yedirdi ve sonra ellerini sıyrılmış dizine sürdü.

"O Yaprak, ben de Missus," dedi çanağı rafa götürürken. "Bana böyle seslenebilirsin. Bugünlerde resmiyeti çok da önemsemiyoruz."

Metal bir çubukla ateşi karıştırdı, ardından yeni bir odun parçası koyup tekrar karıştırdı ve alevlerin yeni odunun etrafını sarmasını bekledi.

"Adın ne senin?" diye sordu Hex'e dönerek. "Senin hikâyen ne?"

Kadın, ateşin diğer yanındaki koltuğa çöktü.

Yağmur, kapıya ve pencerelere vurdukça kadının gözleri parlıyordu.

Hex cevap vermek istemedi. Aklı sürekli kavgaya gidip geliyordu. Bunun bir kavga bile olmayışına, kendisini savunmak için bile bir fırsat bulamayışına... Gafil avlamışlardı onu. Ölçüsüz, dengesiz, adaletsiz bir durumdu bu, gerçekten de öyleydi.

Öfkeden köpürüyordu, huzursuzdu, utanç içindeydi. Utandığı için öfkeleniyor, öfkelendiği için utanıyor ve bu bir kısır döngü şeklinde devam ediyordu.

"Ben Hex," dedi sonra, sessizlik artık iyice uzadığında.

"Bu pek duyulmuş bir isim değil," dedi Missus. "Nasıl söylesem, kulağa sanki talihsiz bir isim gibi geliyor. Ben olsam, kendime başka bir isim arardım. Anlıyorsun değil mi, işi sağlama almak için, ne olur ne olmaz."

Bu sözcükler her ne kadar kulağa nahoş, insanı azarlar gibi gelse de bunları öyle sakin, öyle dostane bir şekilde söylüyordu ki...

Kafa karıştırıcıydı. Hex'in sinirini yatıştırmamıştı.

"Ah!" dedi Hex. "Kısaltılmış hali bu. Yani... Hector'un kısaltılmışı demek istedim."

Her konuştuğunda, şişmiş dudağının iyice gerildiğini hissedebiliyordu. Kasılmış, tombullaşmış ve alev alev yanan dudağının... Yine de uzak bir acıydı bu, tatlı tatlı acıyordu, bir yaranın ellenmesi gibi bir acı... Yarı hissiz, yarı hassas.

"Ah!" dedi kadın. "İşte şimdi bir adın oldu."

"Çok aptalca," dedi Hex.

Kendini bildi bileli, ismiyle alttan alta dalga geçilirdi. Kendine uymayan, saçma bir isimdi. Öleli yıllar olmuş, koca ayaklı bir amcadan kalma bir çorap gibi... Bu isme uymuyordu; bu ismi içinde hissedememiş, ondan içten içe nefret etmişti hep.

"Aptalca mı?" dedi kadın koltuğuna yaslanarak.

"Fazla şaşaalı," dedi Hex kadına sertçe. "Aptalca işte."

Kadın bir kahkaha attı.

"Şaşaalı mı? Ah, evet! Ne de olsa o bir prensti. Truva'nın kırlarında gezen en asil adamdı. Aklın sınırlarının ötesinde cesur ama yine de dövüşmeye gönülsüz... Erkeklerin kralı... Üzgün Priamos'un oğlu... Çekici bir gülüşü vardı ama yüzünden bir bulut geçerdi hep."

Ve sonra yabancı dilde bir şeyler söylemeye başladı. Kelimelerde bir şiirin ahengi vardı. Kumdaki karanlık dalgalar gibiydi. Sözlerini bitirdiğinde, onu dinlemek için duvarlardan sessizce aşağı sürünen, koltukların altından dışarı çıkan gölgelere hüzünle gülümsedi. Sonra Hex'e baktı ve "Sen de bir savaşta yaralandın, sen de benim küçük, modern Hector'um değil misin?"

Ve Hex, ancak şimdi *her şeyin* tuhaflığına gerçekten hayret edebilmişti.

Ancak şimdi mi?

Tuhaf tuhaf konuşan bu kadın...

Tanıdığı bu ormana muhtemelen sığamayacak bir açıklıkta bulunan bu kulübe...

Yirmi dakika önce orada olmayan ağır, kara bulutlardan boşalıp pencerelere vuran yağmur...

Tuhaflıklar, korkunun içeri girmesi için kapıyı araladı.

"Ben gitsem iyi olacak," dedi.

Yaprak, kucağında huysuzlanarak köpeklere özgü derin bir iç çekişle burnundan soludu.

"Önce sıcak bir şeyler iç," dedi kadın. "Bekle de yağmur biraz dinsin. Bu yağmurda çıkarsan fena üşütürsün. Hem bir de..."

Kadın büyük bir güçlükle koltuğundan kalktı, ocağın üstüne bir çaydanlık koydu.

Hex arkasına yaslanıp etrafına baktı.

Şöminenin ışığıyla aydınlanıp ısınan kulübede sıcak, rahat bir ortam vardı.

Üstündeki tavan beyaza boyanmıştı ama yıllarca yanan ateşin isiyle gölgelenmişti ve yalnızca ateşin ışığının ulaştığı yerler belli belirsiz aydınlanıyordu.

Hex, kapının yanındaki iki siyah, kalın kirişin arasından, alçı tavana bağlanmış bir bohçanın sarktığını fark etti. İşe yaramayan, eski, gereksiz şeylerle buraya bir ağ örmüş gibiydi kadın, muhtemelen bunları tıkayacak bir tavan arası yoktu . . . Bazen bir pencerenin köşesinde bulduğunuz o şeffaf, içinde örümcek yumurtalarının olduğu bohçalar geldi Hex'in aklına.

Missus, dolaptan fincanları tıngırdata tıngırdata çıkarırken, odanın bir ucundaki mutfaktan, "Hector, canım. Sana bir teklifim var," diye seslendi. "Bir öneri, diyebiliriz."

Hector kalkıp gitmek istedi, ama Yaprak kucağında neredeyse horluyordu. Üstelik kadın bunları söylerken, üst dudağı yukarı kıvrılmış ve siyah diş etlerinde sarımtırak dişleri parlamıştı. Hex kımıldamaya cesaret edemedi.

Ağzının içinde, dişlerinin arasından görünen bir karanlık vardı.

Çaydanlık ıslık çalmaya başladı ve Missus kaynayan suyu fincanlara dökerken şöyle dedi: "Birinin böylesine küçük düşürüldüğünü görmek bana acı veriyor. Bu kadar küçük birinin, böylesine haksız bir sopa yemesi . . ."

Fincanın birini Hex'e uzattı.

"Kaç kişilerdi?"

Hex, sıcağın avuç içlerini, parmaklarını yakmasına izin verdi.

"İki," dedi.

"Ve sen tek bir kişisin."

Vah vah vah dercesine kafasını salladı.

"Ve kız senden birkaç yaş büyük, öyle değil mi?" dedi. "Ne kadar insafsızca."

Hex başını salladı.

Kadın çayından büyük bir yudum aldı.

"Bir şeyler yapabilmek istemez miydin?"

Hex bir şey demedi.

"Hakkını almandan bahsediyorum yani," dedi. "Bu insafsızlık, haksızlık içinden köpürüyor sanki."

Hex bir şey demedi.

"Sana yardım edebilirim," dedi kadın.

"Durumu eşitleyebilirim," dedi.

"Seni bir daha asla incitmemelerini sağlayabilirim," dedi.

Ve konuşurken arkasına yaslanıp gülümsedi. Şöminenin ışığı yanaklarında titreşti; karanlık gözlerinin derinliklerinde yıldızlar vardı.

Yaprak, Hex'in kucağından kafasını kaldırdı; odanın içinde üç tur attıktan sonra alevlerin önüne uzandı.

Köpek yerine yerleştikten sonra, "Yapman gereken tek şey istemek," dedi Missus.

"İstemek . . . Neyi?" diye sordu Hex.

"Bizden intikam iste, Hector," dedi kadın yumuşak bir sesle. "Biz icabına bakarız."

Kulübenin duvarları hiçbir şey söylemedi ama küçüldükçe küçülüp; Hex'in üstüne üstüne gelmeye başladı.

Odadaki tek ışık kadının kendisinden geliyordu sanki. Sadece onlar ve gölgeler vardı şimdi.

"*İncindin.* Bu savaşta yere düştün, yara bere içinde kaldın, *aşağılandın.* Ama bu yanlışı düzeltme şansın var, Hector. Senin bir sözünle onları bu dünyadan sileriz. Bu Yaprak'ın özel bir yeteneği . . . Bizden sana bir hediye. Çok basit bir şey."

Hex kımıldamak, kalkmak, dışarı çıkmak istedi ama bir şey onu olduğu yerde tutuyordu.

İnsafsızcaydı. Bu konuda haklıydı. *Yapmadığı* bir şey yüzünden ona düşman olmuşlardı.

Ellerinin arasındaki sıcak çay öylece duruyordu.

Hiç olmadığı kadar korkuyordu şimdi. Derinden, sessizce... Bütün bunlar gerçekti.

Düşüyor, düşüyor, düşüyordu. Sonu gelmeyecek gibiydi.

Yağmur pencerelere vuruyordu.

Gölgeler tavandan aşağıya kaydı, sanki onu gözetliyorlardı.

"Peki, ne yapacaksınız?" dedi. "Yani... *onlara*?

"Sadece dünyayı, onları unutmaya ikna edeceğiz."

Kadın parmaklarını şıklattı.

Yaprak yukarı baktı, şöminenin kızıl ışığında kesik kesik soluklandı.

"Şöyle olacak," dedi kadın. "Yaprak ısıracak, onlar da gidecekler, sanki hiç var olmamışlar gibi... Sadece *sen* bileceksin onların bir zamanlar var olduğunu... Ve senin dünyan, bir boşluğun etrafında yeniden şekillenip iyileşecek. Sandığından daha basit bir şey. Onları özleyen veya hatırlayan hiç kimse olmayacak. Kayıplarından kimse zarar görmeyecek; ne anne babaları ne de sadık evcil hayvanları... Biz kimseyi böyle bir zulümle cezalandırmayız. Biz sadece sana yardım etmek istiyoruz."

"Bu sanki şey gibi, ımmm," diye başladı Hex. "Biraz şey . . . fazla değil mi? Nasıl söylenir, aşırı?"

Missus gülümsedi; nemli dişleri ateşin ışığında parladı.

"Öyle denir," diye başını salladı kadın. "Aradığın kelime bu, ama *doğru* değil." Kadının gözleri iyice koyulaştı; Hex'e iyice yaklaştı. Ocaktaki ateş gürleyip çatırdadı ve sonra sönmeye yüz tuttu. "Asıl *aşırılık,* intikamı insanlara bırakmak olurdu. Sonu asla gelmez böyle . . . Kısasa kısas, bir ileri bir geri, hiç bitmeyen bir kan davası. Göze göz, dişe diş, cana can; dünyayı gözsüz, dişsiz, cansız bırakır. 'Sen benim kız kardeşimi öldürdün, ben de senin ağabeyini öldürdüm. Sen benim oğlumu öldürdün, ben de senin kuzenini öldürdüm . . .' Yıllar yılı hiçbir şey yapamadan, çaresizce izleyerek oturdum. Dokunamadığımız dünya keder içinde dönüp durdu. Biz, sadece bir kadın ve bir köpeğiz . . . Ama elimizden geldiğinde . . . bizden *istendiğinde* . . . Yaprak'la ben tek bir kesik atarız, küçük bir *parça* çıkarırız ve bu intikam döngüsü ilk adımda durur. Biz dünyaya yardım ediyoruz. Biz onu *koruyoruz.*"

Kadın başını birden Hex'ten çevirip, ateşe döndü.

"Peki canları acıyacak mı?"

"Onların mı?"

"Evet."

"Hayır." Kadın kıkır kıkır güldü. "Biz canavar değiliz, Hector. Hiçbir şey anlamayacaklar, onların sevdikleri de hiçbir şey anlamayacak. Fakat sen, bu dünyadan bir kötülüğü söküp attığını bildiğin için daha *iyi* hissedeceksin."

Yağmur ani bir fırtınayla pencereye vurdu.

Baca hafifçe inledi. Ateş kızıl kıvılcımlar saçarak parladı.

"Tamam," dedi Hex.

"Tamam?" dedi kadın.

Çimenler, mücevher gibi parıl parıl parladı.

Cebinde Missus'un verdiği bir meşe palamudu vardı.

"Biraz düşün," demişti kadın. "Eğer kararlıysan, bunu ez. Ve biz gece gelir, sen uyurken dünyayı düzeltiriz. Ama eğer istemezsen, bırak gitsin, bizi unut, dünya yine aynı kalsın. Bizim hediyemiz hafife alınacak bir şey değildir. Sonra sakın beni siz *cesaretlendirdiniz, sıkıştırdınız, zorladınız* demeyesin. Asla, asla!"

Hex eve gidip anne babasını görmek istedi.

Orman karanlıktı. Yağmur kokuyordu.

Yaprak yolu gösterirken, Hex bir elini Yaprak'ın omzuna koymuştu.

Birkaç dakika boyunca bir aşağı bir yukarı, bir sağa bir sola gittikten sonra nerede olduğunu anladı. Çok iyi bildiği ormana geri dönmüştü.

"Eve geldim," dedi. Bir bakıma öyleydi.

Yaprak hiç belli etmeden şöyle bir kaydı, geri dönüp geçerken Hex'e sürtündü ve kuyruğunu hafifçe sallaya sallaya geldikleri yöne doğru yürüdü.

Hex dönüp onu izlerken, ormanın kenarındaki elektrikli çitin, tam önünde belli belirsiz vınladığını fark etti. Göz alabildiğine uzanan çiftçi tarlalarına bakıyordu. Yeşil ekinler sallanıyordu. Ve bir gölgenin, enfes gün ışığında gittikçe kaybolduğunu, güneşin pırıltılarının o griliği sildiğini fark etti.

Gökyüzü masmaviydi. Hiç yağmur yoktu.

Saatler geçmiş gibi geldi Hex'e. İlk defa saatine baktı. Gerçekten de öyleydi. Neredeyse öğle yemeği zamanıydı. Babası çoktan yemeği pişirmeye başlamış olmalıydı.

Ormanın içinden aceleyle ilerledi. Ağrıları hâlâ devam ediyordu ama şimdi uyuşmuştu. Şişmiş dudağı sertleşmiş, kalınlaşmış ve diğer ağrılarının önüne geçmişti.

Dereye vardığında durdu.

Bisikleti oradaydı. Yamacın dibinde. Tekerlekleri yamulmuş, zincirleri kopmuş, fren balataları yerlerinden sökülmüş bir halde . . .

Bisikleti ezilmişti.

Öfke hiçbir yere gitmemişti.

Bisikletini kaldırdı.

İnsafsızlık bitmemişti.

Dönmesi gereken tekerlekler dönmemiş, toprakta çakılı kalmıştı.

Bisikleti eve götürmek asırlar sürdü.

Her geçen araba ona baktı.

Köpeğini yürüyüşe çıkaran ya da tekerlekli sandalye ittiren dışarıdaki herkes ona baktı.

Bir evin bahçesinde ya da penceresinde miskince oturan her kedi, onun tepeye doğru ağır ağır, binbir güçlükle ilerleyişini izledi.

Omzunda bir hurdayla, yara bere içinde, yarık dudaklı bir çocuk...

Pes etmek istemişti.

Görülmekten, fark edilmekten nefret etti.

Ve güneş tam tepesinde parladı, onu cezalandırır gibi...

Kaldırım, tepeden ona baktı. Asfalt yapış yapıştı, sanki yeni döşenmiş gibi kokuyordu.

Dünya ona gülüyordu.

(Burada, 'ona' ile 'onunla' arasında ezelden beri bilinen bir farklılık var. 'Onunla gülüyor' dendiğinde, kontrol aynı zamanda ondadır (örneğin parkta neşe içinde dans edildiği zaman), 'ona gülüyor' ise kontrolün onda olmadığı anlamına gelir (örneğin bir başkasının ıslak pantolonuyla dans edip onun adını söylemesi gibi). Bugün, Hex o dansın hangi tarafında olduğunun farkındaydı ve dünya bunu çok eğlenceli bulmuştu.)

Bahçenin arka kapısını ittirip açtığında hüsrandan, sinirden, gerginlikten, utançtan, uzun bir yol boyunca o bisikleti bir sürükleyip bir taşımanın verdiği fiziksel yorgunluktan hıçkıra hıçkıra ağlamaya başlamıştı.

Bisikletini avluya attı, arka merdivenlere oturdu. Titriyordu. Beyninde dönüp duran çok fazla düşünce vardı.

Akbabalar onun pes etmesini bekliyorlardı.

Birkaç dakika sonra, babası Hex'i orada buldu.

"Heck," dedi neşeli bir ses tonuyla. "İşte buradasın. Tam zamanında. Koçanda mısır yaptım, ve salata, ve tavuk şiş. Yine burada dışarıda yiyelim mi? Bugün de güzel bir g—"

Ve durdu çünkü durumu anlamıştı.

"Aman Tanrım!" dedi telaşla onun yanına gidip çömelirken. "Ne oldu sana? İyi misin?"

Nazikçe, tek eliyle Hex'in çenesini kaldırdı. Bir çocuğuna bir bisiklete baktı. Sonra tekrar çocuğuna baktı.

"Düştün mü?" diye sordu. "Araba mı çarptı? Yoksa. . . ?"

Hex hayır anlamında kafasını salladı.

Babasının kafası bulandı.

Ve sonra oğluna sarıldı, sımsıkı, sıcacık . . . Hex acı baharat kokusuyla, yumuşak pamuğun kokusunu alabiliyordu.

Ve sonra Hex, "Ay, o kadar da sıkı değil," dedi.

Ve burnundan akan bir damla sümüğü öyle sert bir şekilde içine çekti ki, sümük beynine çarpıp onu hapşırttı ve olduğu gibi babasının gömleğinin arkasına bulaştı . . .

Ve babası güldü.

Ve Hex güldü.

Ve bir dakikalığına, dünyadaki her şey yeniden iyi oldu.

Babası, üstünü değiştirmesi için yukarı kata çıkmasını söyledi; kendisi de ilk yardım çantasıyla peşinden gitti.

"Sana bir şey olmadığına sevindim," dedi yara bantlarını uygun yerlere yapıştırırken.

Hex, orada, iç çamaşırlarıyla otururken içini çekti.

"Araba değildi, değil mi?" diye sordu babası.

"Hayır," dedi Hex.

Babası rahat bir nefes aldı.

Temiz kıyafet için Hex'in çekmecelerini didiklerken, "Öyleyse," diye devam etti babası, "artık sana daha fazla bir şey sormayacağım. Ben de bir zamanlar çocuktum, çocukluğun nasıl bir şey olduğunu bilirim. Büyümek zordur. Yerini bulmak, nereye ait olduğunu bulmak . . . Her zaman bir iki şamataya karışacaksın, birkaç tane yumruk sallayacaksın, birkaç kavgayı kaybedeceksin. Bu beni ilgilendirmez, tabii sen bana anlatmak istemediğin sürece ama olur da anlatmak istersen . . ."

Hex'in içi o anda sevgiyle doldu, ama aynı zamanda babası yine kendi gençlik hikâyelerinden birini anlatmaya başlayacak diye de ödü koptu. Bu, Frank'la hemfikir olduğu bir şeydi: Babaları, "Ben küçük bir çocukken . . ." diye söze başladığında, iki kardeşin gözleri yemek masasında buluşur, sonra Frank gözlerini büyüte büyüte devirir ve her ikisi de gülerdi.

Ama babası bir hikâye patlatmadı bu sefer. Onun yerine "Bana anlatmak zorunda değilsin Heck, ama annene bir şey söylemek zorunda kalacağız. Bisikleti tamir edebiliriz ama bu kalın dudağı, morarmış gözü saklayamayız," dedi.

"Salıncak," dedi Hex bir dakika sonra. "Salıncaktan düştüm."

Babası başını salladı.

"Evet. İyi düşündün. Böyle söyleriz. İyi hikâye."

"Doğru söylüyorum," dedi Hex. "Öyle oldu."

Hex yeni bir pantolon çekti altına, üstüne de temiz bir tişört; gidip öğle yemeklerini yediler.

O öğleden sonra, Hex'in babasının kütüphaneye gitmesi gerekiyordu. Geri verilecek birkaç kitap vardı elinde ve yenilerini almak istiyordu. Hazırlık yapması gereken dersleri vardı, gelecek hafta okullar yeniden açılıyordu. Bay Kydd babalık izninde olduğundan 'Birinci Dünya Savaşı'nın Sebepleri' konusunu işlemekle görevlendirilmişti.

"Okulda görmüştüm bu konuyu," dedi babası. "Ama milyonlarca yıl önceydi bu. Hepsi bir kulağımdan girdi, bir kulağımdan çıktı. Büyük bir başın[4] vurulmasıyla ilgili bir şeydi, ya da işte öyle bir şey."

Hex dinliyormuş gibi yaptı ama aslında bir kuşun yukarılarda dönerek uçuşunu izliyordu sadece. Yukarıda kara bir

---

4 Burada anlatılmak istenen şey kitabın orijinalinde "a great duck getting shot" ifadesiyle yer alıyor. Yazar burada bir nevi kelime oyunu yapmış; Avusturya-Macaristan İmparatorluğu veliahtı Franz Ferdinand'a arch*duke* (arşidük) yerine a great *duck* (büyük ördek) diyor. (e.n.)

benek . . . Kanatlarını iyice açmış, kanat çırpmadan, hiçbir şey yapmadan, görünmez havada döne döne daireler çiziyordu. Öylesine hafif ve özgür . . . Orada yukarıda, uçsuz bucaksız maviliğe karşı gölgede kalmış bir silüet . . .

“Sen istersen burada kalabilirsin,” diyordu babası, “Ya da benimle gelebilirsin, sana kalmış. Uzanmak falan istersen, sen bilirsin.”

“Dün uzandım zaten,” dedi Hex. “Ben bebek değilim, sürekli öğle uykusuna yatan . . .”

“Öyle bir şey demedim zaten Heck,” dedi babası gülümseyerek. “Belki morluklarını yatıştırmak için bir banyo yaparsın; sessizliğin, sakinliğin tadını çıkarırsın biraz.”

Bu fikir aptalca gelmemişti kulağına. Böylece Hex gidip kütüphaneye geri götürülmesi gereken kitaplarını buldu ve mutfak masasının üzerine koydu. Sonra gidip küvetin tıpasını tıkadı; bolca banyo köpüğü döktü içine ve musluğu açtı.

Banyodan çıkınca, kurulanıp giyindi. Ama hâlâ ıslak olan saçlarıyla ve her yerini saran ılık bir mahmurlukla bilgisayarın önüne oturdu.

Oturum açtı.

Posta kodunu girdi ve internetin haritayı yüklemesini bekledi.

Görüntüyü hareket ettirip, oraya buraya sürükleyip durdu. Ne bulacağını biliyordu zaten ve işte bulmuştu.

Hiçbir şey.

Açıklık yok.

Kulübe yok.

Ağaçlardan başka hiçbir şey yok.

Bir tarafta yol.

Diğer tarafta tarlalar.

Tam beklediği gibiydi: orman, bildiğimiz ormandı.

Bu, Hex'in zihninde iki şeyi kanıtladı ve bu ikisi, aynı anda doğru olamazdı.

Bir yandan dayak yedikten sonra bu sabah olanların *gerçekte* yaşanmadığını gösteriyordu. Ormanda koşarken kendisini masallardaki gibi bir açıklık içinde bulmuş olamazdı. Tuhaf, yaşlı bir kadının kulübesine falan girmemişti. Çünkü *haritada öyle bir şey yoktu.*

Diğer yandan kulübeye gitmişti, bu durum, kulübenin *başka bir yerde* olduğu anlamına geliyordu ya da onun *başka bir şey olduğu* . . . Haritada kulübeyi bulamaması, Missus ve Yaprak'ın . . . sihir ya da her neyse, onun gibi bir şey olduğunu ispatlıyordu.

Hex, haritayı büyüttü.

Kasabadan uzakları işaret eden, gittikçe sivrilen parmak gibi görünen ormanlık arazi, en sonunda, bir köprünün altından geçen, ince, koyu bir çizgiye dönüşüyor ve gözden kayboluyordu.

Ve o anda kapı zili çaldı.

Sonra kapı vuruldu.

İki kere.

Üç kere.

Hex, kapıyı açtı. Oysa kafasının içindeki sessizlik ona kapıyı açmamasını söylemişti.

Babasının gelmesini beklemeli, evde yokmuş gibi yapmalıydı.

Bugünlük bu kadarı zaten yetmişti.

Kapının eşiğinde tanımadığı bir kadın vardı, yanındaysa tanıdığı bir çocuk . . .

Sascha ve onun annesi olduğunu düşündü.

"Bu o mu?" dedi kadın.

"Bak, astı aldım," dedi Sascha Hex'e neşeyle. "Hem de rengini ben seçtim."

"Astı değil, askı," dedi bir ses ikilinin arkasından.

Sascha'nın ablası sinsice arkada gizlenmiş, parmaklarının ucuyla döşeme taşlarının arasındaki toprağı eşeliyordu.

"Bu o mu?" diye tekrarladı anne.

"Bak," dedi Sascha, alçıyla kaplanmış kolunu Hex'e göstemek için askısından çıkarıp yukarı kaldırırken.

"Beyaz," dedi Hex. Nihayet söyleyecek bir şey bulmuştu.

"Evet," dedi Sascha gururla. "*Klasik.* Helga Ironside attan düştüğünde pembe bir tane almıştı, Tony Thingie de yeşil olanından ... Ama bana sorarsan gösterişten başka bir şey değil."

Annesi neredeyse gülecek oldu ve üçüncü kere sordu: "Bunu yapan çocuk sen misin?"

Hex hiçbir şey söylemeden kekeledi.

Dudakları titremeye başladı.

"Bi ... Bir ka ... kazaydı," dedi kelimeleri boğazından zorla çıkararak.

"*Kaza mı*?" dedi annesi sertçe. "Ben öyle duymadım. Sen düşürmüşsün onu, öyle duydum ... Hem bir kere ne işi vardı onun seninle? Senin ne işin vardı onunla? Seninle konuşurken bana bak."

"Salıncaklar," dedi Sascha, sevinçle yüzü ışıl ışıl parlarken.

Sağlam olan eliyle tulumunun ceplerini karıştırıyordu.

"O ... o geldi bizim peşimizden," dedi Hex cansız bir sesle.

Titrediğini hissedebiliyordu. Geçen her saniye daha da solgunlaşıyordu.

"Evde bir yetişkin var mı?" dedi Hex'in başının üstünden içeri bakarak. "Senden sorumlu biri?"

Kadın tam bunu söylerken, Hex arka kapının çarptığını duydu.

Hava çok sıcaktı.

"Babam," diye fısıldadı Hex.

"İyi," dedi kadın. "Benim küçük çiçeğime neler yaptığını görsün isterim. Zavallı Sascha. Doktorlar kolu doğru yere kaynarsa şanslı olacağını söylüyorlar. En sevdiği koluydu o."

"İmzanı atsana," dedi Sascha, tükenmez bir kalemi elinde sallayarak.

Geride beklemeye devam eden abladan derin bir of sesi duyuldu. Kız, onların arkasında bir kaplan gibi dolanıyordu.

"Hex?" diye seslendi babası mutfaktan.

Hex kalemi aldı ama hiçbir şey demedi.

İçinde öyle bir his vardı ki bu görüşme kimsenin planladığı gibi gitmeyecekti, belki Sascha'nın hariç . . .

Hex arkasında, holde ayak sesleri duydu.

"Ah, buradasın demek. Bunlar kim?"

"Siz bu çocuğun babası mısınız?" dedi Sascha'nın annesi sertçe.

"Evet," dedi Hex'in babası, bir elini oğlunun omzuna koyarak. "Adım Larry Patel. Peki ya siz . . . ?"

"Umarım onu gerektirdiği gibi cezalandırmışsınızdır."

"Cezalandırmak mı? Pardon?"

Kadın, alçılı kolunu hâlâ yukarıda tutan Sascha'yı gösterdi.

Hex hâlâ kalemin kapağını açmamıştı.

"Kızımın kolunu kırdı. Size hiç bahsetmedi mi?"

Hex'in babası sessizdi.

Hex iyice küçüldü.

Bu onun suçuydu, peşlerinden gelip üstüne bir de ipe doğru dürüst asılmayan o aptal kızın. Ama şimdi herkes kendisine bakıyordu.

Sascha, aceleyle başını bir aşağı bir yukarı salladı, bir yandan da kolunu sallıyordu.

Ablası kımıldamadan öylece duruyordu.

"Size anlatmayı bile düşünmedi demek."

"Imm, yok, tam olarak değil."

Bir sessizlik oldu.

"Hector? Bana anlatmak istediğin bir şey var mı?"

Eli hâlâ Hex'in omzundaydı.

"Hmm?" dedi Sascha'nın annesi.

"Kazaydı," dedi Hex sessizce. "Salıncağın altında birbirimize çamur atıyorduk . . . ve o . . . o düştü."

"Evet, ah o salıncak," dedi babası. "Bundan bahsetmiştin. Şu kesikler, şişmiş dudağın orada oldu. Bak," dedi, oğlunun yüzüne doğru eğilmişti, ama aslında kadına söylüyordu. "Kötü gözler dolanıyor üstümüzde."

Sascha'nın annesi, Hex'in yüzüne sanki ilk defa doğru düzgün bakıyor gibiydi.

Eğildi, Hex'in çenesini eline aldı, başını bir o yana bir bu yana çevirdi. Sertçe, ama acıtarak değil . . .

"Tahmin etmiştim," dedi babası. "Bu sabah küçük bir kavgaya karışmış, ama küçük bir kızla olduğunu bilmiyordum. Hector?"

"Bu sabah mı? Biz dünden bahsediyoruz," dedi kadın.

Hex'in gözleri, çaresizce Sascha'nın ablasına kaydı. Ve annesi arkasına döndü.

"Maria!" diye bağırdı birden. "Ne yaptın sen?"

Kadın şimdi iyice kızına doğru yönelmişti.

Kızın yanakları kızardı ve "Layığını buldu," der gibi bir şeyler mırıldandı.

Ne var ki annesi kızın sözleri üzerinde çok durmadı; Sascha'nın kafasının üzerinden, kolunu uzatıp, büyük kızının yanağına bir tokat şaplattı.

"Kavga mavga yok," dedi parmağını bir sopa gibi sallayarak. "Daha önce kaç kez uyardık seni. Küçük, aptal çocuklara vuramazsın. Önce Sascha'yı kaybediyorsun, sonra kavga çıkarıyorsun. Olmaz! Doğru değil."

Abla; Maria, bir adım geri attı. Bir eli, zonklayan yanağında; gözyaşlarıyla parlayan gözleri Hex'in gözlerine yapışmış bir halde dururken, kızın annesi yeniden kapıdaki adamla çocuğuna döndü.

"Bunun için özür dilerim," dedi zoraki bir gülümsemeyle. "Öyle görünüyor ki herkesin bir özür borcu var, ha?"

Hex ve babası sessiz ve solgundu.

Sascha, abartılı bir biçimde içini çekti, başını sallayıp Hex'in kolunu çekiştirdi.

"Hadi ama," dedi. "İmza at."

Hex çömelip, kalemin kapağını açtı ve "*Kolun için gerçekten üzgünüm*," yazdı.

"Gerçekten de kazaydı," diye mırıldandı. "Aptalca bir kaza. Özür dilerim."

"Maria," dedi annesi hafif tıslayarak. "Sen ne diyeceksin?"

Ve Maria, orada, kaldırımda, "Özür dilerim," dedi cansız bir şekilde. Sözcükler ağzından kıvrana kıvrana dökülüp aralarındaki boşluğa düşmüştü sanki.

"İyi, aferin," dedi anne.

"Imm, tamam," dedi Hex'in babası.

"Gitmemiz gerek artık," dedi Sascha kalemi cebine geri koyarken. Alçılı kolu yukarıda, *sayörk* bir balerin gibi kendi

etrafında dönüp duruyordu. "Gidilecek yerler, görülecek insanlar..."

Annesi, kızın başını dalgınca okşadı. Sanki ormandan daha yeni çıkmış garip bir yaratığı ya da zerre kadar anlamadığı, tanımadığı; ama krala, göz kulak olacağına söz verdiği birini okşar gibi... Ve sırtlarını çevirip gittiler.

Hex, onların gidişini seyrederken, abla Maria, hâlâ kızarık olan yanağını ovalıyordu. Hex'e bir bakış fırlattı ve boşta kalan eliyle cebinden usulca bir şey çıkardı.

Küçük, yeşil, yuvarlakça bir şeydi. Onu yere bıraktı, bir adım geri çekilip topuğunun altında çıtırdattı ve sonra ayağının altında döndürerek iyice ezdi. Sonra da Hex'e çakmak

çakmak gözlerle son bir bakış atıp, diğerlerinin peşi sıra, sinsice uzaklaştı.

Ve sonra her şey bitmişti.

Kapının eşiğinde sadece Hex ve babası kalmıştı. Kapı kapandı. Dünyaya dışarıda kalması söylendi.

"Otur."

Hex merdivenlere oturdu.

Güneş, dışarıda kalmasını gerektiren emre hiç aldırış etmemişti. Arkadan babasının üstüne vuruyor, onu, Hex'in üzerinde yükselen bir gölge gibi gösteriyordu. Söyleyecek bir şeyi olan ama nereden başlayacağını pek bilemeyen bir gölge...

"Ne haltlar çeviriyorsun sen?"

Hex hiçbir şey söylemedi.

"Bu ciddi bir şey, Heck. Kırık bir kol... Küçücük bir kızın kırılmış kolu... Bu göz ardı edilecek bir şey değil... kaza bile olsa. Bunu bana söylemeliydin. Bunu bana hemen söylemeliydin. Senden bir özür koparmak için zahmet edip buraya kadar yol tepmemelilerdi. Bu hiç yakışık almadı. Biz ilk iş olarak hemen oraya gidip zeytin dalımızı uzatmalıydık. Gerisini boş ver."

Hex burnunu çekti.

"Bak," dedi babası, daha sakince, birkaç adım atıp merdivenlere, onun yanına otururken. "Biraz yana kay, tamam, hadi şimdi bana ne olduğunu anlat."

Hex başını kaldırınca, girişteki aynada her ikisinin de yansımasını gördü. Güneş ışığıyla aydınlanmış, parlıyorlardı.

Ve başladı Hex anlatmaya gerçeklerin çoğunu; duraksaya duraksaya, gözyaşlarıyla . . .

"Karşılık vermiyoruz," dedi babası. "Bu ana kuralımız, Heck. Sen onun kız kardeşine zarar verdin, kazara. Ama kasıtlı yapsan bile sana böyle vurmamalıydı. Ve sen de ona geri vuramazsın, hiçbir zaman. Medeniyet bunu gerektirir; göze göz, dişe diş meselesine bir son vermek için . . ."

"Ama nasıl olur . . . Peki ya intikam baba? Hakkını almak zorundasın, öyle değil mi? Yani, biri sana zarar verdiğinde demek istiyorum."

"Ya da sevdiğin insanlara, değil mi?"

"Evet."

"Hmm, gayet basitçe, intikam almamayı seçebilirsin," dedi babası. "Ya da otoriteye başvurursun. Sen bir çocuksun, benim çocuğum. Bu nedenle cezayı düşünmek bana düşer. Aynı şekilde, o kızı nasıl cezalandıracağına karar vermek de o kızın annesine düşer."

"Kadın kızına vurdu."

Hex'in babası bir an sessiz kaldı.

"Evet," dedi sonra. "Kolay cevaplar nadiren doğru çıkar. Ve böyle tokat atmak çok kolay. Ama bu ona ne öğretir ki?" Yeniden sustu. "Bence sen cezanı yeterince çektin, bütün bunları izleyerek, dudağını patlatarak . . . o küçük kızı, alçısıyla ne kadar mutlu ettiğini görerek . . ."

Tekrar suskunlaşmadan önce hafifçe kıkırdadı.

"Anneme söyleyecek misin?" diye sordu Hex.

Babası aynadan Hex'e baktı.

Başını salladı.

"Hayır, bu bizim sırrımız. Salıncaktan düştün, tamam mı?"

"Tamam," dedi Hex.

Babası, yanından ayrıldıktan sonra, Hex ön kapıyı açtı.

Ön bahçeden geçip kaldırıma çıktı.

Kızın -Maria'nın- yüzünde patlayan tokadın sesi kuş cıvıltıları ve güneş ışığının arasında yankılandı sanki. Hex babasının sesindeki şefkati düşündü.

Bazılarımızın nasıl doğuştan iyi yürekli olduğunu...

Her zaman öyle hissetmese bile...

Böyle bir babası olduğuna ve Maria'nın annesi gibi bir annesi olmadığına sevindi. Yabancıların, başka insanların önünde, böyle bir şey, böylesine *aşağılayıcı* bir şey yapacak tarzda insanlar olmadıklarına...

Biraz daha ilerlemeden önce bu düşünceleri kafasından kovdu.

Diz çöktü ve korktuğu şeyi buldu.

İşte orada, kaldırımda, Maria'nın topuklarını bastırdığı yerde, kırılmış bir meşe palamudu vardı. Küçük, kahverengi tepesi parçalara ayrılmış; parlak, yeşil yüzeyi, içinin yumuşak peltesi üzerinde parlıyordu.

Hex bunun ne olduğunu biliyordu.

Neler olduğunu biliyordu.

O teklif sadece kendisine yapılmamıştı.

O kulübeyi bulan tek kişi kendisi değildi.

Missus ile Yaprak'ın evlerine buyur ettiği tek kişi kendisi değildi.

Yüreği havalanıp ağzından uçuverecek gibi oldu.

Asfalta yığılıp kaldı, hissiz, bomboş . . .

Parçalanmış meşe palamudunu parmağıyla ittirdi; minicik bir gölge dışarı çıkıp, yol boyunca kayarak ilerledi.

İyi, diye düşündü, hâlâ buradaydı. Hiçbir şey olmamıştı.

Dünyadan kesilip koparılmamıştı.

Unutulmamıştı.

Henüz değildi.

Tabii ki tüm bunlar saçmaydı, hepsi saçmalıktı. Yere çarpan kafasının uydurduğu bir düştü her şey . . .

Ama sonra, Missus'un sözlerini hatırladı: "Ez bunu ve biz gece geleceğiz."

Ve kadının küçük, beyaz dişlerinin ateşin ışığında ıslak ıslak ışıldadığını gördü.

Ve korktu.

Ve korkusu göğüs kafesinin boşluklarında yankılandı. Ve bu sesin homurtusu, babasının sesini -onun iyiliğe çağıran sesini- boğdu.

Ve kendi arkasını kollamanın önemi, ihtiyacı, gerekliliği birden su yüzüne çıktı. (Herkes kabul ederdi bunu, bu sadece bir haktı.) Eğer o kız kendisine bunu yaptıysa, o da bunu o kıza yapmak zorundaydı.

Aptal, zorba kız bunu istiyordu.

Aceleyle içeri girdi, kapının arkasından çarparak kapanmasına aldırış etmeden üst kata koştu.

Üstündeki pantolonun ceplerini karıştırdı. Meşe palamudu orada değildi. Ama bu kıyafetler o sabah, o kulübeye gittiği zaman giyindiği kıyafetler değildi.

Eve geldiğinde değiştirdiği eski kot pantolonunu giymişti bu sabah.

Ama pantolonu bıraktığı yerde, odasındaki yerde de değildi. Bu yüzden anne babasının odasına koşup, kirli çamaşır sepetinin kapağını açtı.

Sepet boştu.

Aşağıdaki çamaşır makinesinin homurdanan sesini duydu.

Oh.

İşte bu kadar diye düşündü Hex. Birdenbire, çok basit bir şekilde, o enerjisini emen umutsuzluk hali içinden süzülüp akmaya başladı. *İşte bu kadar.*

Babası çamaşırların ceplerini boşaltma işinde berbattı.

O akşam, birlikte yemeklerini yerken, annesi, "Yarın boşum. Ailecek birlikte bir şey yapmalıyız. İyi olur," dedi.

"Boş mu?" dedi babası.

"Evet, bir seferliğine. Ne yapmak istersiniz?" diye sordu annesi, Hex'in şişmiş, yarık dudağına uzanmış, neredeyse dokunacak olmuştu.

Ona salıncaktan düşme hikâyesini anlatmışlardı.

O da yemişti.

"Yarın mı?" dedi Hex.

O kadar ilerisini hiç düşünmemişti.

"Parka?" dedi annesi. "Ya da . . . deniz kenarı da olabilir. Tommo'ya da sorabiliriz."

Hex'in babası heyecanlı görünüyordu.

"Ah, evet," dedi. "Deniz kenarı iyi bir fikir gibi. Bir termos kahveyle sandviçleri ben hazırlarım, biraz cipsle paket meyve suyu da alırız. Harika olur."

Hex'in annesi şefkatle güldü, katıksız bir sevgiyle . . .

Koca bir çocuktu bu adam.

"Yine de doğru düzgün bir deniz kenarı gezisi olması için," diye devam etti, "tıpkı senin yaşındayken gittiğim tatiller gibi, Heck, delikanlı, tam yarı yoldayken yağmur yağmaya başlaması lazım. Önce hava kararacak, bulutlanacak sonra da bardaktan boşanırcasına yağmur yağacak. İşte o zaman en iyi İngiliz pikniğini yaparız: Denize karşı bir otoparkta, park edilmiş bir arabanın içinde . . . Gri gökyüzüne karışmış gri bir deniz; zaten hiç bitmeyen yağmur yüzünden, yine de bir şey göremezsin . . . Ve abrakadabra! Plastik termostaki kahve kokusunu her duyduğunda aklına gelecek bir hatıran vardır artık."

Ciddi ciddi gözleri nemlenmişti.

Hex'le annesi masanın ucundan birbirlerine bakmış ve annesi gözlerini devirmişti, tıpkı Frank'ın yapacağı gibi . . .

Ve Hex bir kahkaha attı. Kendini tutamamıştı. Onlar bir aileydi ve her ne kadar kelimelerle, açıkça ifade etmeseler de burada sevgi vardı.

"Ah, keşke Frank dönmüş olsaydı," dedi babası. "Deniz kenarında bir gün geçirmeyi isterdi."

"Sen hiç Frank'la tanıştın mı?" dedi Hex. "On beş yaşında bir kız o, baba. O bütün bunları *aşırı* utanç verici bulur."

Babası kafasını salladı.

"Hayır hayır delikanlı," dedi ciddi bir tavırla. "Sen ablanı yanlış anlıyorsun. O bunu isterdi. Hem ne var ki utanacak?"

Ve geğirdi.

"Sevgilim!" dedi Hex'in annesi, sahte bir şaşkınlıkla.

"*Asıl şimdi* Fransa'da *gerçekten* utançtan ölüyordur," dedi Hex gülerek.

"Öyleyse, karar verilmiştir," dedi babası. "Yarın! Kumsal!"

Hex'in babası, Tommo'yu geziye davet etmek için babasını aradı.

Hex, Tommo'nun gelmek isteyeceğini düşünmediğini söylememişti. Görünen o ki Tommo'nun babası da öyle bir şey demedi. (Hex, adamın Tommo'ya sorup sormadığını ya da onun adına kabul edip etmediğini bilmiyordu.)

Tommo sabahtan onlara uğrayacak ve hep birlikte kahvaltıdan sonra yola çıkacaklardı.

Daha önce yüzlerce kez gerçekleştirdikleri bir plandı bu.

Her şey normaldi.

SALI GECESİ

Komodinin üstündeki saatin ışıklı sayıları 00.01'i gösterdi.

Bir şey uyandırmıştı onu.

Hex, yatağın yanındaki lambayı açtı.

Lambanın ışığı, karanlığı yüzlerce farklı gölgeye bölmüştü şimdi.

Daha kötüydü bu aslında.

Örtüyü iyice üstüne çekti.

Onu uyandıran neydi?

Oda sessizdi.

Başka bir yerde, babasının hafif hafif, düzenli bir şekilde horladığını duyabiliyordu.

Lamba yavaş yavaş daha cüretkâr olmaya başladı.

Gölgeler iyice belirginleşti.

Gardırobun arkasında.

Çekmeceli dolabın arkasında.

Yerdeki kıyafetlerinin diğer tarafında.

Yatağın diğer tarafında.

Abajurun ötesinde, tavanda kara bir üçgen.

Oda sessizdi.

Ve sonra bir gölge kaydı başka bir gölgeden. Zeminden geçip, perdenin üstünde, altında, arkasında gezindi.

Bu şekli neredeyse tanımıştı ama gölgeler yanıltıcı olabilirdi.

Ona ipucu verecek bir şey yoktu bu şekilde.

Başka bir yatak odası geldi aklına. Bir asır önce, Wendy'nin Peter Pan'in gölgesini tekrar ayaklarına diktiği o oda . . .

Masallara inanırım, diye düşündü. İnandığından değil de, aklına öyle esmişti işte . . .

Gülümsedi.

Oda sessizdi.

Yatağından çıkıp, parmak uçlarının üstünde pencereye doğru gitti.

Gölge, perdenin arkasından yukarı çıkmıştı.

Pencere açıktı. Perdeler hafifçe sallandı, gece rüzgârında ufak bir esinti . . .

Gölgeler kendi kendilerine kımıldamazlar, diye düşündü. *Eğer öyle olsaydı onlardan korkardım; bense korkmuyorum, sadece her zamanki gibi hissediyorum, kendim gibi . . .*

Demek bu bir rüya olmalıydı.

Ve rüyalarda korkacak bir şey yoktur.

Ve böylece perdeleri sonuna kadar açtı.

İnsanın yalnız hissetmesi kolaydı, arkadaşları olduğunda bile . . .

Sana sorular soran, sana ilgi gösteren insanlara sahip olduğunda bile . . . Çünkü her kafatasının içinde, sadece bir kişilik yer vardır.

Hex, geceleyin dışarıya bakarken, bunu düşündü.

O sırada -ama başka zamanlarda da- Tommu'nun da böyle hissedip hissetmediğini merak etti. ("Sen de kendini yalnız hissediyor musun, Tommo? Sanki tek gerçek kişi senmişsin gibi, dünyanın dönüşünü seyrederken bir yerde sıkışıp kalmışsın gibi?") Ama nasıl sorabilirsiniz böyle bir soruyu? Gündüz vakti sorsan olmaz, parkta sorsan olmaz, salıncakta bile olmaz.

Bazı sorular gece yarısı sorularıdır.

Hex, Tommo'nun tam o anda ne yaptığını merak etti. Onun da kendisini düşünüp düşünmediğini . . .

Ve sonra, vaktin ne kadar geç olduğunu hatırladı.

Gece derindi.

Karanlıktı.

Kaldırımda bir kadın köpeğini yürütüyordu.

Gecenin bu vaktinde mi?

Ve sonra anladı kim olduğunu onun. Tabii ya! Ve o sırada Missus, Hex'in penceresine baktı. Yüzü, ay ışığında ortaya çıkmıştı. Ona el salladı. Ona gülümsedi.

Yaprak, kadının etrafında dolanıyordu; gecenin içinde, kocaman, gri bir gölge . . .

"Aşağı in," dedi oynayan ağzı, bir yandan da eliyle durduğu yeri işaret ediyordu.

Ve Hex, inmemesi gerektiğini bildiği halde, indi.

"Hiç çağırmadın bizi," dedi Missus.

Çok fazla olmasa da, bu duruma biraz bozulmuş gibiydi.

Ne diyebilirdi ki? Bunu düşündüğünü ama meşe palamudunu kaybettiğini mi? Babası meşe palamudunu çamaşır makinesine atmasaydı, bunu yapacak olduğunu mu?

Ya da bunu düşündüğünü, ama yapmamaya karar verdiğini mi? Bu kadar şeyden sonra, intikam almaya ihtiyacı olmadığını mı? Altı üstü şişmiş bir dudak, birkaç çizik, birkaç morluk olduğunu mu? Babasının, bisikletinin tekerini gevşettiğini, böylece hiçbir zarar görmediğini mi? Gerçekten mi?

İkisi de olurdu. Hangisini seçerse.

Artık bilmiyordu.

Gün akıp giderken, o, nehirdeki akıntıya kapılmış bir şişe gibiydi. Aşağı yukarı bir görünüp bir kaybolan; bir öyle bir böyle dönüp duran; evet veya hayır; huzur ya da öfke; bağışlama ya da intikam arasında gidip gelen bir şişe . . .

"Boş ver," dedi Missus. "Sadece şunu bilmeni istedim: Ben seni bekliyordum, seni bekledim. Sana zaman verdim, Hector. Çünkü seni sevdim... Ama... o çağırdı ve biz de cevap vermek zorundaydık."

Yaprak, Hex'e sürtündü.

Orman kokuyordu; yosunumsu, isli ve nemli...

Hex'in teni ise serindi.

"Üzgünüm," dedi Hex nihayet. "Babam meşe palamudunu kaybetti."

Missus Hex'e baktı. Karanlıkta ne düşündüğü belli olmuyordu.

Yaprak, her ikisinin çevresinde döndü.

"Ben her zaman sözümü tutarım," dedi kadın. "Ben güvenilir biriyim. Bunu bilmeni istedim. Sana haksızlık edildi Hector. Sen de intikamını almayı *hak ettin*."

Hex, Yaprak'ın kulağının arkasını okşadı, gri köpeğe baktı ama hiçbir şey demedi.

Ve sonra Hex, çıplak ayaklarını yola acıyla vura vura, koşmaya başladı.

Ve Yaprak da siyah dilini sallaya sallaya, kulaklarını oynata oynata onun yanı sıra koşuyordu. Sanki bu yaptıkları, oyunların en iyisiymişçesine...

Ve yolun sonuna daha varmamışlardı ki Yaprak, Hex'in üzerine atıldı. Köpek ve gölgeler, gölgeler ve köpek... Köşe başında yanan sokak lambasının ışığında parlayarak ışıklar saçan, sarıya dönük beyaz renkte, uzun, uçları körleşmiş ve sivri dişlerle dolu ağzı, Hex'in yüzünün üstüne doğru açıldı. Dili siyahtı ve boğazı bir tünel gibiydi. İleride bir yerlerde, iğne ucu kadar küçük, sinir bozucu bir ışık, dalga geçercesine o karanlığı boğuyordu.

Ve Hex onu ittirdi, sert ön bacaklarını elleriyle kavrayıp ittirdi ve yuvarladı. Ve köpek bir gölgeye dönüştü, sonra dumana ve sonra bir hiçliğe . . . Hex özgürdü, bitkin bir ferahlamayla kaldırımın üstünde zorlukla sürünüyordu.

"Artık," dedi Missus yaklaşarak. "Artık mücadele etme. Biz çağırıldık ve biz her zaman karşılık veririz."

"Size *her şeyi* veririm . . ." dedi Hex bir anda. "*Her şeyi* . . . Sadece beni bırakın, beni yalnız bırakın."

(Kendisini duymuştu, çok acizdi. Sesi cılız ve güçsüzdü.)

Yavaşça sürünerek, geri geri kayıyor; yolun taşları avuçlarını acıtıyordu.

"Bırak beni gideyim," diye inledi. "*Lütfen . . .*"

Ama Missus'un arkasında gölgeler dağ gibi yükseldi, sivrildi. Gecenin yüzüne karşı gecenin kanatları gibi . . . Hex'in altındaki gölgelerden -ki buraya sokak lambasının ışığı erişemiyordu- tüylerin yükseldiğini hissetti Hex. Ve tam çığlığı basarken, köpek havalandı.

Yaprak, solan bir anı kadar gri Yaprak, yükselip sıçradı, aktı, Hex'in üstüne dalıp, parlayan pençelerini ona geçirdi, etrafını sardı, üstünü kapladı, çaldı, uzaklara götürdü onu . . . Ve sokak yeniden sessizliğe gömüldü.

ÇARŞAMBA

Tommo heyecanla uyandı.

Deliksiz, derin bir uyku çekmiş, rüyasında dışarıda geçirecekleri günü görmüştü.

Hex'in babası komikti. "İyi ki benim babam değil, ama yine de şimdi gülmeliyim," dedirten türden... Ve çok iyi sandviçler yapardı. Anlayacağınız üzere, Tommo'nun babasından fersah fersah uzaktaydı.

Ve deniz kenarı! Oraya gitmelerinin üstünden asırlar geçmişti. Uyandığında neredeyse balık ve patates kızartmasının kokusunu alabiliyordu.

Önceki gün Hex'i terslemekle ona haksızlık etmişti ama Sascha'nın kırılan koluna çok üzülmüş, kendisini berbat hissetmişti. Hex tam bir geri zekâlıydı, etrafa o taşları savuracak kadar . . . Tommo ona katılmamalıydı. Ama olan olmuştu ve şimdi onlar deniz kıyısına doğru yola çıkıyorlardı.

Yataktan yuvarlanarak, kedi gibi yere indi. Temiz kıyafetler bulmak için orayı burayı didikledi ve sonra aşağı kata indi.

Babası mutfaktaydı. Üstünde atleti, altında pijamasıyla lavaboya eğilmiş, tavayı ovalıyordu.

"Görüşürüz," dedi Tommo, arka kapıyı açarken.

Babası yüzünü dönmeden, bir şey mırıldandı, düzgün bir kelime bile sayılmazdı bu. Sonra Tommo, arka merdivenlerin orada dikildi. Parlak, güneşli sabaha bakıp, az önce ne yapıyor olduğunu düşündü.

Her şey zihninden uçmuştu sanki.

Bir şey düşünüyordu biraz önce... Bir şey yapmak üzereydi ... Ama ne olduğunu bilmiyordu.

Hex'in adı ve açık havada geçirecekleri vaat edilen o güne dair kulağına fısıldanan eşsiz dakikalar bir rüya gibi geçip gitmişti. *İyi bir şeyler* vardı, iyi bir şeyler *az önce* oradaydı, ama her neyse o, şimdi tamamen aklından uçup gitmişti.

"Jayce'i görmeye gideceğim," dedi bir kez daha babasına dönerek.

Babası tavayı lavaboda aynı şiddetle ovalamaya devam ediyordu ve hâlâ bir karşılık vermemişti.

Normaldi bu.

Çok fazla konuşmazlardı.

Tommo dışarı adım attı.

Güneş sıcak, hava temiz fakat tatsızdı.

Birkaç kez derin derin nefes aldı.

Bahçe avlusundan bisikletini çıkardı ve bu tatilde her gün yaptığı üzere, Jayce'i görmeye niyetlenerek yan kapıdan dışarı çıktı. Ama pedala bastığında, farkında olmadan sokağın öbür yanına döndü.

Beş dakika sonra, bir kapının eşiğinde durmuş, kapıyı çalıyordu. Ama bu tanıdığı bir eşik değildi.

Üstelik kapıyı açan adam da tanıdığı biri değildi.

Bir an hiçbir şey söylemedi, sadece sahneye baktı öylece. Sanki kendisi bu sahnenin dışındaymış gibi . . .

Sonra sanki az önce hiç unutulmamış gibi, bir anda her şey aklına geldi.

"Hex hazır mı?" diye sordu.

Adam ona tuhaf bir bakış fırlattı, sanki daha önce hiç tanışmamış gibi, sanki Tommo yıllardır, binlerce kere bu eve gelmemiş gibi . . .

"Hex?" dedi. "Ne . . . ? Kim?"

Ve sonra her şey yeniden kayboldu. Adam, en iyi arkadaşının babası değil, bir yabancıydı artık.

Bir rüyanın belli belirsiz uğultusu kalmıştı kafasının arkasında bir yerde, duman gibi süzülen . . .

Dünya yeniden, yeni normaline sıçramıştı.

"Özür dilerim," dedi sessizce, hızlıca ve gergince. "Yanlış eve gelmişim galiba."

Geri dönüp bisikletine bindi."Hmm, sorun değil," dedi adam, Tommo'nun arkasından.

Ön kapı kapanırken, Tommo adamın "Hex?" kelimesini söylediğini duydu, fısıltıyla . . .

Saatler ilerlemişti şimdi.

Tommo ve Jayce parktaydı.

Salıncakta sallanıyor, vakit öldürüyorlardı.

Sırayla biniyorlardı. Biri sallanırken, diğeri tenis topu atıyor, salıncaktaki de topu tekmelemeye çalışıyordu.

Topun düştüğü yere -bankın altına, oyun sahasının dışına, çitin ötesine- bağlı olarak, karmaşık bir puanlama sistemleri vardı.

Eğer çöp tenekesinin içine denk getirirsen, bu en yüksek puandı; tam isabet.

"Ya işte," diyordu Tommo. "Adama *Hex* evde mi diye sordum."

"Ne? Kim?"

"Aynen öyle. Çok *tuhaf*. Gerçek bir isim gibi değil, öyle değil mi?"

Tommo, öne doğru atılıp, topu yukarı gönderirken iyi

bir atış yapmış, ama arkadaşı zıplamış ve şaşırtıcı bir şekilde topu havada yakalamıştı.

"Yakaladım! Elendin!" diye bağırdı Jayce, mini bir dans gösterisi yaparak. "Eee," diye devam etti Jayce. "Neden öyle bir şey yaptın?"

"Bilmem," dedi Tommo. Gerçekten kafası karışmıştı. "Oto pilota falan bağlanmış gibi bir şeydim. Ya da işte sanki daha tam uyanamamışım gibi... Ama sonra ne oldu söyleyeyim, vın diye çıktım oradan!"

Salıncağı yavaşlattı ve yer değiştirdiler.

"Tek çatlak sen değilsin," dedi Jayce. "Kardeşim kahvaltıda aşırı tuhaftı."

"Doğal olarak!" diyerek bir kahkaha attı Tommo.

Tommo, Jayce'in küçük kız kardeşini severdi. Kız, uydurduğu yeni hikâyeleri anlatmaya çalışırdı ona hep. Olur da Tommo düşünceli bir şekilde bakıp, "Çok güzel hikâye, Sascha," demezse, oyuncaklarının biriyle onu şiddetlice dürtüklerdi.

"Hayır. Diğeri, ablam," dedi Jayce, Tommo'nun yanlış anladığını fark ederek.

"Maria mı?"

Büyük kardeş.

"Evet. Aklını kaçırmış gibiydi . . . Sascha'nın kolunu tutup, kolunda bir şey olmadığını, kırık falan olmadığını söyleyip bağırıp çağırdı. Ama gerçekten paniğe kapılmış gibiydi." Salıncağı daha yükseklere doğru hızlandırırken arada konuşuyordu. "Çok tuhaf. Sascha'nın kolu kırık olsa, hepimiz bilirdik herhalde. Kötü bir rüya falan görmüş olmalı."

"Tuhaf," diyerek ona katıldı Tommo.

Jayce'in ablası onlardan üç dört yaş büyüktü ve bu yüzden, küçüklükleri dışında onların işlerine pek karışmamıştı. Onun kendi arkadaşları vardı; onlar bir odaya çekilir, Tommo ve Jayce ise başka bir odaya; herkes kendi işine bakardı.

Üç dört yıllık yaş farkı, onları birbirinden uzak tutmaya yetecek bir köprüydü. Ama bazen, Jayce'in ablası okulda duyduğu bir fıkrayı ya da bir dedikoduyu anlatır, eğer çocuklar gülmezse homurdanır, sonra kapısını çat diye çarpıp basar giderdi. Onlarsa omuzlarını silker, "Ah, ergenlik!" derlerdi.

Tommo topu attı, Jayce tam zamanında vurdu. Top, parkın uzak bir köşesine doğru uçup, çitlere çarptı ve ısırgan otlarıyla gölgeli bir yerin içine düştü.

"Pekâlâ, buraya kadar," dedi Tommo. "Ben oraya girmem."

Jayce salıncağı yavaşlatmaya başladı, tam da inmenin güvenli olmaya yaklaştığı bir anda zıpladı; tozlu bir gümbürtüyle yere indi ve asfalta çakıldı.

"Maria garip davranıyor yani," dedi Tommo. "Yeni bir şey değil."

"Evet, sanırım öyle. Umarım biz hiç o kadar ergen olmayız."

"Kesinlikle!"

Omuzlarını silkip güldüler. Bisikletlerinin oraya koştular ve bisikletlerini sürüp uzaklaştılar.

Herkesin bildiği üzere Tommo ve Jayce uzun zamandır birlikte takılırdı. Tüm dünyaya karşı ikisi . . .

Kreşe gitmeden önce bile tanışıyorlardı. Aileleri, aynı mahallenin farklı bir köşesinde yaşıyor ve çocukları aynı anda parkta gezdiriyorlardı. Çocuk arabalarındaki bebekler, kendi kendilerine agularken, onlar aynı yerde oturup şundan bundan ve havadan sudan konuşmuşlardı.

Bazen, annesi işe giderken, Tommo'yu, Jayce'in evine bırakırdı, bazen de Jayce, okuldan sonra Tommolara giderdi.

Birbirlerinin evinde o kadar çok zaman geçirmişlerdi ki hangisinin evi hangisinindi ya da kimin ebeveyni kimindi diye unuttuklarını söylerlerdi yarı şakayla...

Endişelendikleri sadece iki an yaşamışlardı.

Birincisi, Tommo'nun annesi evi terk ettiğinde, babası taşınacaklarını söylediğinde. Ama sonra taşınmamışlardı. İkincisi, ilkokuldaki bu son sınıfta, farklı sınıflara konulacakları söz konusu olduğunda... Ancak sonra bir boşluk olmuş, her ikisi de Bayan Short'un sınıfına konmuştu. Ama (hızlıca kararlaştırıldığı üzere) aynı sıraya değil.

Tommo ve Jayce.

Jason ve Thomas.

Dinamik ikili.

Böyleydi onlar.

Ve bu hep böyleydi.

Hep böyle olacaktı.

Jaycelerin mahallesinde durduklarında, fren balatalarından dumanlar ve gıcırtılar yükseliyordu havaya.

Aşağıdaki evlerin tepelerinde ağaçlar görünüyordu; kırmızı kiremitli kare biçimindeki tepe manzarasının üstünde yükselen yeşil bulutlar gibi . . .

Jayce, "Hadi *doğru düzgün* bir salıncağa binelim," demiş, Tommo da kabul etmişti.

Sascha'yı, oyuncaklarla yarı kuşatılmış bir halde, evlerinin ön bahçesine oturtmuşlardı. Bir sürü kitabının arasından birini okuyordu.

Oğlanlar dinlediler.

". . . Ve böylece öcü, kartpostal satan bir dükkân açtı, cadı da mum satan bir dükkân; sonsuza kadar mutlu yaşadılar. Ve mutlu tavşanlar bir daha asla onları rahatsız etmedi, çünkü onların hepsini yiyip bitirmişlerdi."

"Nasıl başlamıştı bu?" diye seslendi Tommo.

Sascha kafasını kaldırıp baktı.

"Ah," dedi. "Oğlanlar."

Sonra, "N'apıyonuz siz?" dedi.

Ve sonra, "Ben de geliyorum," dedi.

Kitabını yere koydu (ters çevrilmişti ve itfaiye araçlarıyla ilgili bir kitaba benziyordu) ve elleriyle şortunun arkasını silkeleyerek ayağa kalktı.

Ellerini çevirip baktı, kokladı ve sonra, "Ah! Mis gibi ve taze!" dedi.

"Sen gelemezsin," dedi Jayce. "Biz ormana iniyoruz."

"Gelebilirim," dedi Sascha.

"Sana izin yok," dedi Jayce.

"Bay Timsah'ı da getireceğim," dedi oyuncaklarının arasından bir at seçerek.

Tommo bir şey demedi ama gülümsedi. (Ne zaman biri, oyuncakları hakkında "Sascha, ona böyle denmez," dese -ki oyuncaklarının hepsi, makul bir dünyanın nezdinde yanlış isimlendirilmişti- kaşlarını çatar, başını bir yana eğer ve "Ne diyorsun sen?" derdi.

Tommo bir şekilde ona hayranlık beslerdi.

Tommo küçükken, pelüş bir oyuncağı vardı, gri bir fok . . . Onu gittiği her yere götürür ve Fok derdi ona. Geçmişe geri dönüp, ona başka bir isimle seslenmeyi ne çok isterdi.

Sascha'nın doğup, büyüyüp, konuşmaya başlaması, kendisinin ne kadar sıkıcı olduğunu göstermişti ona, gerçekten.)

"Maria sana bakmıyor mu?" diye sordu Jayce.

"Ben ona bir hikâye okuyordum, ama tuvalete gitmesi gerekti," dedi Sascha yüksek sesle. "Bence kakasını yapıyor olabilir. Ona bir not bırakabiliriz."

Çocuklar onun durdurulamaz (utanmaz!) arsızlığına güldüler ve üçü, evlerin arasından aşağıya inen dar yoldan geçip, göğe yükselen yeşil ormana doğru yola koyuldular.

Evlerin ötesindeki patika yol, köpek pisliği için konmuş kırmızı bir çöp kutusunun ve bir levhanın yanından geçiyordu. Belediye tarafından asılan bu tabelada, bir süpermarket, daha fazla ev ya da bir otopark inşa ederek burayı daha iyi değerlendirebileceklerken bunu yapmayıp onun yerine bu ormanlık korunun var olmasına izin verdikleri için herkesin ne kadar şanslı olduğu yazıyordu.

Tabelanın yanında, koyu gri renkte ya da belki de aşırı giyilmekten yıpranmış, siyah, takım elbiseli bir kadın duruyordu. Kadın, kırlaşan saçlarını kulaklarının arkasına kıvırmıştı. Bir elinde koyu renkli bir gözlüğü çevirip dururken, diğer elindeki telefona bakıyordu.

Çocuklar geçerken, kafasını kaldırıp onlara bir bakış attı.

"Günaydın," dedi Jayce.

Kadın, cevap vermeden önce bir an öylece baktı.

"Evet," dedi.

"Salıncağa gidiyoruz biz," dedi Sascha, Bay Timsah'ı kuyruğundan tutup sallayarak.

“Dikkatli olun,” dedi kadın.

“Elbette,” dedi Jayce.

(Tommo, böyle bir şeyi söyleme gereği duyan yetişkine içten içe kızdı. Neden otomatik olarak salıncakta dikkatli olmayacaklarını düşünmüştü ki? Zaten herkesin bildiği bir şeyi söylemeye ne gerek vardı? Küçük bir öfke hâliydi ama ona okulu hatırlattı. Haftaya hepsi yine oraya, okula dönüp sıralarına oturacak; tuvaletten sonra ellerini yıkamaları, makasla koşmamaları gerektiği hatırlatılacaktı . . . Sanki bilmiyorlarmış gibi . . . Minicik bir öfke ama yine de . . .)

Yürümeye devam ettiler.

Ağaçların altından ilerlerken, güneşin sıcaklığı omuzlarından kalktı; ormanın serin, yeşil havası onları ele geçirdi.

Tommo, Hex’le beraber bu yola geldiklerini hatırladı ve

birden ürperdi. Bir şeylerin ters gitmek üzere olduğuna dair bir hissin anısı... beyninin içinde zaman birbirine girdi... eski bir dünya, yenisine sürtünüp duruyordu.

"Geri dön," dedi Sascha'ya. "Peşimizden gelmeyi bırak."

Kız durdu. '*Ne diyorsun sen?*' diyecekmiş gibi başını yana eğdi.

"Ne diyorsun sen, Tommo?" dedi Jayce.

Tommo başını salladı ve "Ne?" dedi.

Hex'e dair olan anı kaybolmuştu ve Tommo kötü şeyler olacağına dair hislerini unuttu.

"Bilmem," dedi. "Şöyle bir şeydi, nasıl denir? Dejavu dedikleri şey gibi. Sanki daha önce buraya gelmişim gibi..."

"Tabii ki geldin." Jayce, kankasının başının arkasına bir şaplak atarak güldü. "Hem de yüzlerce kez."

"Evet," dedi Tommo.

Ama zihninin bir köşesinde hâlâ bir şey vardı, tam olarak anlayamadığı başka bir şeyin gölgesi... başka bir şeyin ya da *başka bir zamanın*...

Sascha yeniden yola koyulmuştu, oğlanlar da ona yetişmek için hızlandılar.

Oğlanlar yürürken, Sascha, ayaklarının dibinde sıçrayıp zıplıyor, Bay Timsah'ı sallayarak tekerlemeler söylüyordu. "Ormanlar, ormanlar, yeşil ve güzeldir, ekmek ve puding, ah evet, denemelisin!" Ve sayısız kere tekrardan sonra, Tommo'yla Jayce'in de söylediği bir şarkı haline gelmişti bu tekerleme.

Ormanın derinliklerinde macera ararken kaybolan çocuklar gibi coşkuyla bağrışıyorlardı.

Patika yolları kolayca takip ettiler. Ağaçların arasından, eğrelti otlarıyla ısırgan otları deryasının içinden geçip derenin üstündeki yamaçta bulunan uzun meşe ağacına doğru yokuşu tırmandılar.

Ve işte oradaydı: Kalın, kaba saba, mavi ip, o yüksek daldan sarkmış, derenin iki metre üstünde sallanıyordu.

Tommo ağaca yaslanıp, astım cihazından bir nefes çekti. Şarkı ve yürüyüş astımını gıdıklamıştı.

Nefesini on saniye tutup içinden sayarken ipe baktı.

Buraya her geldiğinde olduğu gibi, bu salıncağı kimin kurduğunu merak etti. Şu yüksek dal, oldukça yukarıdaydı. Saçlarında rüzgâr, aşağıda ise sert zemin ve kıskanç sincaplar varken bu meşe ağacına tırmanan o kişinin yerinde olmak istemezdi.

Jayce'in dereye doğru adım atıp tahta oturağın altından sarkan yıpranmış ipin püskülünü kapışını izledi.

Yamacı tekrar tırmanırken, oturağı arkasına doğru çekti.

"Önce ben!" dedi Sascha zıplayarak.

Jayce, bir ayağını oturağın üzerinden geçirirken, bir kahkaha atıp, nazikçe itti kızı.

"Geronimo!" dedi şen bir sesle, yukarıya doğru havalanırken.

Sasha'yla Tommo, Jayce uzaklara doğru küçülürken, zevkle seyrettiler onu.

Tommo rüyalarını genellikle hatırlamazdı ama son birkaç aydır birkaç kere gördüğü bir rüya vardı.

Uçuyordu.

Özgürdü.

Ve sonra sıra ona geldi. Yeniden uçuyordu. Altında ormanın yeşil ışığı, boşluğun içine doğru uzun uzun sallanıyordu.

Yukarıda gıcırdayan ipin sesi, Sascha'nın Bay Timsah'la konuşan sesi, yaprakları hışırdatan hafif rüzgârın sesi tüm ormanda ve onun kafasında yankılanıyordu.

Okulda olmaktan öylesine farklıydı ki...

Oradayken her köşe başından izlenildiğini, etrafının sarıldığını ve kendisine dikkat kesildiğini hissederdi.

Bazen, tüm dikkatler onun üzerindeyken, ezilmiş hissederdi. Çok sıkılarak tutulan bir kalıp sabun gibi, o da yoldan kayıp gider ve saçma bir şey yaparak dünyanın dikkatini dağıtırdı. Bunlar; penceredeki hayali bir UFO'yu işaret etme, oturduğu sandalyeyi iyice geriye ittirme ya da Bayan Short'un sorusuna geğirerek cevap verme olabilirdi.

Bay Dedman'in odasının önünde bekletilirken bile, neyi neden yaptığını tam olarak bilemezdi. Ama herkesin ona bakıp onu fark etmeyi bırakmasıyla bir özgürlük ve neşe dalgası hissettiğini ve anlık bir baskıdan kurtulduğunu biliyordu.

Bay Dedman'a pek aldırış etmiyordu. O sadece birkaç kelâm eder ve hayal kırıklığına uğramış görünürdü.

Bu kaçıklığı evde patlak verir ve kulağı hafifçe çekilip odasına gönderilirse, işte ancak o zaman ağlardı. Odasında olduğu için değil (orada birkaç çizgi romanı ve kıvrılıp uzanabileceği bir yatağı vardı), bu durumun ortama kattığı karanlık, gölgeli, kapalı ve boğucu atmosfer için ağlardı.

Sessizliğin uğultusu.

Bütün bu saçmalıklara kıyasla, orman, taşkın bir özgürlüktü. Onu yargılamıyor, ona not vermiyor ya da planlarının ne olduğunu açıklamasını istemiyordu ondan.

Ama sonra Jayce "Hadi ama, sıra bende artık!" dedi.

Ve Tommo salıncağı yamaca doğru sürdü, kankası salıncağı yakalayıp çekti.

Tommo indi, Jayce oturağı tuttu.

Ve işte tam o anda her şey ters gitti.

Maria, bir meteor gibi üzerlerine geldi.

Gözlerinde şimşekler çakıyordu ve Tommo bu gök gürültüsünün etkisiyle sarsıldı.

Onu daha önce hiç böyle görmemişti, gerçek anlamda kafayı yemiş, çıldırmış ve ürkütücü görünüyordu... Birbirlerini tanıdıkları yıllarda olduğu gibi değildi.

"Onun burada ne işi var?" diye bağırdı. Dik dik, gözleri çakmak çakmak Jayce'e bakıyordu ama Tommo'ya doğru geliyordu.

Her bir adımında kuru toprağın tozu havaya kalkıyordu.

Jayce ellerini kaldırıp, "Maria, bu bizim Tommo işte!" dedi.

Maria bunu hiç duymuşa benzemiyordu. Sağ eliyle Tommo'nun yanağına güçlü bir yumruk savurdu.

"Ona yaklaşmasına izin verdin öyle mi, *bir kez daha?*" diye bağırdı.

Tommo yüzünü tutarak, geriye doğru sendeledi; salıncağın sopasına tutunarak yamacın ucunda duran Sascha'ya çarptı.

Maria, Tommo'nun göğsüne vura vura ittirip kakmaya başladı onu. Jayce ise ablasını geri çekmeye ve kollarını sallayarak "Dur, dur!" diye haykırarak aralarına girmeye çalışıyordu.

Tommo'nun ayağı kaydı ve tepetaklak yuvarlandı, Sascha da onunla birlikte yamaçtan düşmüştü.

Tommo düşerken, muhtemelen dışarıya fırlamış köklerden birine çarpmıştı. Sascha ise, az ileride bir yerlerde olabilirdi, sanki bir dalın üzerine düşmüş gibi bir çıtırtı sesi gelmişti.

Bağıra bağıra ağlamaya başladı.

Orman, kızın çığlıklarının bütün boşlukları doldurması için aniden susmuştu sanki.

Tommo sendeleyerek ayağa kalktı. Üstü başı kuru çamura bulanmış, yüzü alev alev yanıyor, midesi içindekileri boğazından ağzına doğru savuracak gibi burkuluyordu.

Öğürdü, boğulur gibi oldu, yutkundu ve güçlükle nefes aldı.

Kelimeleri yoktu.

Sözcükleri çalınmıştı.

Öylesine güzel bir gündü ki...

Tuhaf bir şekilde başlamıştı, kabul, ama o zamandan beri iyiydi.

Başını kaldırıp baktı, orada yamaçta onun oldukça yukarısında arkadaşı ve arkadaşının ablası vardı. Yukarıdan ona bakıyorlardı.

Hayır, ona bakmıyorlardı, tabii ki ona bakmıyorlardı... Sascha'ya bakıyorlardı.

İkisinin de beti benzi atmıştı, yukarıda, kilise avlusunun mezarlığındaki büstler gibi donmuş kalmışlardı.

Tommo, gözünü bile kırpmaya korkuyordu. Arkasında bağırışlarını duyduğu kıza dönüp bakmaya korkuyordu.

Ve sonra baktı. Dünya yerinden oynadı ve zaman yeniden akmaya başladı.

Sascha az ötede, kolu tuhaf bir açıyla bükülmüş bir halde uzanmış, bas bas bağırıyordu.

Tommo, Jayce'in yukarıdan, "Ne yaptın sen? Gidip yardım çağır!" dediğini duydu.

Ama Maria gitmedi; yardım çağırmadı. Tommo'ya bağırdı: "*Senin* suçun bu. *Tekrar* oluyor işte!" Tommo, kızın parmağını kendisine yönelttiğini hissetti, hareket ettiğini, köklerin çıtırtısını ve tozun kalkışını duydu. Özür dilemeye gelmediğini ta içinde biliyordu.

Dünyası hızla dönüyordu.

Hiçbir şey anlamıyordu.

Elleri taş ve dikenlerle acıyarak, güçlükle ayağa kalktı. Kızın, arkasındaki dereye sıçradığını duyduğu anda koşmaya başladı.

Eğrelti otlarının içinden geçerken, otlar ellerini, ayaklarını kamçılıyordu.

Gizlenmiş kökler, çukurluklar uzanıp ona çelme takmaya uğraşıyordu. Ağaçlar birden önüne çıkıyor, o da ağaçların etrafında dönerek kendini savuruyordu.

Ne olmuştu? Ne oluyordu?

Göğsünde ciğerleri yanıyordu.

Yeterince uzaklaşmış mıydı gerçekten?

Hırıltılar boğazını tırmalıyordu ama astım cihazını çıkarmak için durmadı, henüz değil . . .

Yanında, yorgunluğunun sisi içinde gölgeler kımıldadı; onunla aynı hızda ilerliyordu.

Hayır, gölgeler değil, sadece bir tane kocaman, gri, kurt gibi bir şey . . . Çalılıkların arasından, içinden, etrafından uzun adımlarla rahatça ilerliyordu.

Kalbinin sesi kulaklarında çınladı. Maria'nın hâlâ arkasında olup olmadığını ya da vazgeçip vazgeçmediğini bilmiyordu. Yüzü zonkluyor, ciğerleri acıyordu. Güçlükle bir nefes çekti ve öne doğru devrildi. Yere düşmüştü, ama ayağı takılarak değil, tam anlamıyla yere yığılarak... Ve kendini çimenlerde yuvarlanırken buldu. Sonra sırt üstü uzanıp, üstündeki alçak, koyu, kurşuni renkteki gökyüzüne baktı. İlk yağmur damlaları yere düşerken, bir ürperti hissetti.

Titreyerek, göğsü bir inip bir çıkarak, güçlükle nefes almaya çalıştı. Bağrı öyle sıkı, boğazı öyle dardı ki . . . Gemisi dibi boyladıktan sonra yüzeye çıkmaya çalışan bir gemici gibi yutkunuyordu.

Boru gibi bir ses. Hırıltı. Soluğun kesilmesi.

Paniklememesinin tek sebebi, astımını *tanımasıydı.* Eğer sakin kalırsa geçeceğini, daha önce hep geçtiğini bilmesiydi. Sadece hızlı bir pufa ihtiyacı vardı.

(*Maria neden böyle yapmıştı?*)

Astım aleti için ceplerini yokladı.

Sadece bir puf, sonra bir tane daha ve her şey "normale" dönecekti.

Normal kelimesini düşünürken tırnak işaretini hayal etti. Ve sonra, astım aletinin kaybolduğunu fark ettiğinde dünya daraldı, üstüne üstüne geldi, çürük, minik ciğerlerinin üstüne . . .

Hiçbir şey normal değildi.

Cepleri boştu.

İçinde panik yükselirken kalbi göğsünde güm güm diye çarpmaya başladı.

Ve tam o anda, soluğu kesilmiş, göğsünden hırıltılar çıkarken, sümük ve gözyaşları arasında oksijen almaya çalışırken soğuk ve ıslak bir şey yanaklarına dokundu.

Bir köpek yalıyordu yüzünü; hem gözyaşlarını hem yağmuru, ikisini birden . . . Kalın, siyah diliyle . . . Ama sıcaktı dili ve onu hemen ayağa kaldırdı.

Köpek onu yönetiyor, o da ona itaat ediyordu. Hâlâ titriyor, içine çektiği her minik nefesle ciğerleri acıyordu. Ama kalp atışı yavaşlıyor, panik geri çekiliyordu. En azından yalnız değildi. Yardım alabiliyordu.

Köpek -kocaman, gri bir şey- homurtu sesleriyle yanından geçerken kafasıyla dürttü onu.

Hayvanın neyi işaret ettiğini görmek için dönünce dünyadaki en garip şeyi gördü Tommo.

Bir kulübe vardı orada.

(Ormanda kulübe olmadığını biliyordu.)

Bir açıklık vardı.

(Ormanda bir açıklık olmadığını biliyordu.)

Açılan bir kapı vardı.

(Ormanda açılan bir kapı olmadığını biliyordu.)

Ve bir kadın çıkıyordu dışarı. Kısa boylu, neşeli bir kadındı. Büyük yağmur damlaları yağarken, başına bir atkı atmıştı.

(Bazen ormanda kadınlar gördüğünü kabul etmek zorundaydı ama bu diğer her şeyin garipliğinden bir şey eksiltmiyordu.)

"Hadi o zaman," diye seslendi kadın. "İyice üşütmeden içeri gir. Yaprak sana yolu gösterecek, güven ona çocuk."

Fiziksel acıyla, astımıyla ve içinde bir yerlerde tamamen olmasa da neredeyse unutulmuş bir *ihanetle*; tüm hayatı boyunca tanıdığı Maria'nın ihanetiyle serseme dönmüştü. (Haksızlık ayyuka çıktıkça kafa karışıklığı azalıyordu.) Şoktaydı. Bir partide gözleri bağlı döndürülen ve gerçek dünya saklanırken, büsbütün kendi haline bırakılıp, yalpalanan bir çocuk gibiydi.

Kadın yeniden el işareti yaptı, onu kulübeye çağırıyordu.

"Buraya gel," dedi.

Ve böylece, gitmemesi gerektiğinden emin olsa da, gitti.

Kulübenin içi sıcaktı, hatta boğucu derecede sıcak...

Şöminede bir odun ateşi yanıyordu. Küçük pencereler incecik, donuk, solgun gri bir ışığın içeri girmesine izin veriyordu sadece.

Tommo, dışarıda, gök gürültüsünün kısık, uzak gümbürtüsünü duyabiliyordu. Yan sokaktan geçen çöp kamyonunun sesine benziyordu.

Şöminenin her iki yanında birer tane eski tekli koltuk vardı. Odanın diğer tarafında ise bir mutfak vardı.

Büyük bir kuzine, havayı iyice ısıtıyordu.

Tommo etrafına baktı, yüzündeki ıslaklığı sildi, yanaklarına dokunurken acıyı hissetti.

Eli kanlanmıştı. Çok fazla değildi, yağmurla ıslanan avuç içinde kırmızı bir lekeydi sadece.

Nefes alıp nefes vermeye çalışırken, hırıldadı, hıçkırık tuttu.

Ciğerlerinin tepesinde yapışkan bir çıngırak vardı sanki.

Kadın, koltuklardan birine oturmasını işaret etti.

Telaşla mutfağa koşturup, çanaklarla ve kavanozlarla oyalanmaya başladı.

Kadın bunları yaparken, Tommo yumuşak minderin içine iyice gömüldü.

Köpek halının etrafında şöyle bir döndü, sonra güm diye kendini yere atıp, başını Tommo'nun kucağına koydu.

Kulübe köpek ve toprak kokuyordu. Ancak bu kokulardan daha ön planda olan kızarmış et gibi bir yemek kokusu vardı.

Ve kokuların hepsi birbirine karışmış gibiydi.

Tommo'nun her yeri ağrıyordu.

Hiç iyi değildi.

Gözleri tavanda dolaştı.

Beyaza boyanmıştı ama gölgeliydi. Ateşten ve küçük pencerelerden gelen ışıkla aydınlanmıştı sadece. Ağır, siyah, ahşap ve eğri büğrü kirişler bir yandan diğer yana uzanıyordu; pürüzlü ve çok eskiydi.

Kirişlerin arasında, hemen kapının yanında, tepede, bohça gibi bir şey gördü; sanki bir ağ ya da torba gibi bir şeyin içine ıvır zıvır konmuş gibiydi. Bir yerlerden "koza" kelimesi geldi aklına. Ama aradığı kelime bu muydu, emin değildi. Bir an, orada, onlardan iki tane olduğunu düşündü ama sonra sadece bir tane olduğunu gördü. Ve yanında, yırtılmış bir örümcek ağının solgun püskülleri ve iplerini fark etti. Sanki orada *önceden* başka bir tane daha varmış gibi . . . Ve şimdi bu boştu . . . boşaltılmıştı. Ve sonra kadın, Tommo'nun eline bir kâse sıcak bir şey tutuşturuyordu.

"İçine çek bunu," dedi. "Sadece içine çek."

Ve Tommo, içine çekti onu.

Kâseyi kaldırıp, naneli, gıdıklayıcı buharın burnunun içine doğru süzülmesine izin verdi.

Kuru bir süngerin suyu içine çekmesi gibi, koku ciğerlerine doldu ve yeniden normal bir şekilde nefes alıp verdiğini fark etti. Acı hafiflemişti.

"Oh, vay be!" dedi. "Bu inanılmaz bir şey. Teşekkür ederim."

Kadın, kâseyi ondan alıp masanın üstüne koydu. Sonra ıslak bir bezle geri gelip yanına çömeldi.

Çenesini eline alıp, başını bir oraya bir buraya çevirdi; morluklarını, çiziklerini inceledi.

Bezle hafifçe dokundu onlara, küçük, hassas, tombul parmaklarıyla dikenleri ve kumları temizledi.

"Eee, adın ne senin, genç adam? Benim adım Missus. Ve bu da Yaprak."

Köpek, Tommo'nun kucağında hafifçe horlamaya başlamıştı.

"Imm, Tommo. Benim adım Tommo," dedi Tommo.

"Tommo?" dedi kadın.

"Evet, şey, ıh . . . Thomas'ın kısaltılmışı."

"İyi bir isim," dedi kadın başını sallayarak. "Birinin şüpheleri vardı, ki bu asla zarar vermez. Biri de melekleri anlayacak kadar bilgeydi." Yabancı dilde bir şeyler söyledi; dili yabancı kelimeler üzerinde kolaylıkla atlayıp zıplıyordu. Sonra bir kahkaha atıp "Ve şimdi de *sen*, en son Thomas," dedi.

Arkasına yaslanıp, kâseyi yere koydu.

Tommo bomboş gözlerle kadına baktı.

Kadının neden bahsettiğini anlamıyordu.

Dışarıda yağmur bardaktan boşanırcasına yağıyordu.

Bir köşede bir tencerenin içine, tıkırdayan bir saat gibi durmadan damlıyordu . . .

Kadın kalktı, kuzinedeki çaydanlıkta kaynayan suyu fincanlara döktü.

Çay yaptı.

Koltuklara geri döndü.

Yaprak, gri başını, Tommo'nun kucağında hafifçe kıpırdattı, ama daha fazla kımıldamadı.

Gözleri kapalı, dudakları aralıktı. Dişleri sarı sarı, diş etleri ise kara kara parlıyordu. Ve rüya görüyordu.

Missus, Tommo'nun yaralarına dokundu. Yüzündekilere ve göremediklerine . . . Gömleğinin altındaki morluklara; sancıyan yan tarafına; o güzel, güneşli, mutlu bir bahar gününün ayağının altından kaymasıyla, kalbinde beliriveren şaşkınlık, haksızlık ve ihanetten oluşan o dipsiz kuyuya . . .

"Bir erkeğin böylesine küçük düşürüldüğünü görmek bana acı veriyor. Bu kadar genç birinin bu kadar insafsızca sopa yemesi . . . Yersiz ve insafsızca."

Çayını uzattı.

Yere kuruldu.

"Kim yaptı bunu?"

Tommo, fincanı elleriyle sardı.

"Hiç kimse," dedi.

Bunu yapanın Maria olduğunu nasıl söyleyebilirdi? Bunu *neden* yaptığını anlayamamıştı bile. Sebebini bilmeden onu ispiyonlamak yanlış olacakmış gibi hissediyordu. Ama yine de Maria ona yumruk atmıştı, onu itmişti, nehir kenarına düşmesini izlemişti. Kolunu, boynunu, ya da herhangi bir yerini kırabilirdi . . . Ve Sascha'yı hatırladı; kolunu ve gözyaşlarını . . .

"Oldukça fena dövmüş seni bu *hiç kimse*," dedi.

Gözleri hınzırca parladı.

Tommo bakışlarını çevirdi.

"Önemli değil," dedi.

"Tabii ki önemli," diye karşılık verdi kadın hızlıca. "Elbette öyle. Senin gibi iyi yürekli, nazik bir çocuğa bunu yapıp cezasız kalırlarsa, başka kimlere zarar vereceklerini düşünsene. Hımm? Fedakâr, alçak gönüllü ve affedici olmak çok iyi, çok hoş Thomas. Ama yarın başka birinin canı yanacak ve bunun günahı, o yumruğu atanların olduğu kadar, *senin de* boynunda olacak."

Tommo başını salladı. "Hayır," dedi. "Bu doğru değil."

Maria'nın yumruklayacağı bir sonraki kişi için suçlu olamazdı. Zaten Maria'nın bir başkasını da yumruklayacağına inanmıyordu. O öyle biri değildi, hiçbir zaman öyle biri olmamıştı. Ama şimdi onun gözlerini hatırlayınca, gözlerinin o eski gözlerden ne kadar farklı olduğunu anladı. Başka bir şey vardı orada, o hep bildiği, en yakın arkadaşının hafif gıcık ablasının yerinde *başka birisi* vardı.

"Hayır," dedi tekrar.

Missus koltuğunun arkasına yaslanıp içini çekti.

"Belki de," dedi. "Belki de. Ama Yaprak ve ben bütün bunları daha önce de gördük, pek çok defa. Dünya daha kötüleşti; daha karanlık, daha soğuk, daha kindar, daha bayağı, daha hoşgörüsüz ve daha güvenilmez oldu. Hepsi de bizden yardım istenilmediği için."

Tommo çayını yudumladı.

Okuldaki öğretmenler odası gibi kokuyordu.

Şekeri eksikti, ama yine de fincanı ellerinin arasında tutup, ellerinin iyice yanmasına izin verdi.

Bir dakika sonra, "Senden büyüktü, öyle değil mi?" dedi Missus. "Bunu yapan kız. Sana saldıran."

"O bana saldırma..." Tommo'nun sesi gittikçe kısıldı. "Bunu neden yaptığını bilmiyorum. Hiç mantıklı gelmiyor."

Missus başını salladı.

"Bazı insanlar," dedi yavaşça, "bela için doğarlar. İçlerinde sürekli vız vız eden bir arı vardır, onları sürekli dürter. Her zaman sorun çıkarma niyetleri olmayabilir, ama sorun çıkarırlar. Buna sürüklenirler. İnsanlar onlara doğru yolu göstermeye çalışsa da, onlar öylece devam ederler. Zarar, ziyan."

Tommo, istemeden de olsa onaylarcasına başını salladı.

Kadının sözlerinde duymak istemediği bir şey vardı.

Sözlerinde ona *ayna* tutan bazı şeyler vardı.

O da sık sık "bela" diye adlandırılır; kendisini sık sık Bay Dedman'in kapısının önünde bulurdu ve sebebini açıklayamazdı.

Elbette kimseye zarar vermek gibi bir niyeti yoktu ama bazen zarar verdiği olmuştu.

Alfie pantolonuna işediği zaman mesela. Nasıl da kendinden geçmiş, çişli pantolonla bahçede koşturup durmuştu.

"*Ne halt etmeye . . . ?*" diye başlarlardı. O ise yaptığına bakıp omuzlarını silker ve "Bilmem," derdi. Ve doğruydu bu, tümüyle doğru. Sadece doğru.

Elbette içinin derinliklerine inebilir ve "Çünkü bunun insanları güldüreceğini düşündüm," diye başlayan bir yanıt bulup söyleyebilirdi. Ve bu, doğru bir cevap olabilirdi ama *iş işten geçtikten sonra* bulduğu bir cevap olurdu. Orada, sırasında otururken, kitabından sıkılıp, "Ne yapacağımı biliyorum, bu silgiyi şu cetvelle fırlatayım da Emma P.'nin kalemliğinin tam içine denk getireyim," diye düşünmemişti. Sadece yapıvermişti.

Ve ona öyle geliyordu ki hayat böyle bir şeydi.

Yetişkinler bunu anlamıyordu. "Neden-sonuç" diye bir şeyden bahsedip duruyorlardı; bu da her şeyi yapmadan önce planlamanız, çalışmalarınızı göstermeniz ve neden öyle değil de böyle yaptığınızı söyleyebilmeniz gerektiği anlamına geliyordu.

"Thomas?" dedi Missus.

Neredeyse uyuyakalmış olduğunu fark etti, koltuğunda silkelenip doğrulurken.

Oda öylesine havasız, sıcak ve karanlıktı ki.

Yaprak başını kaldırdı, simsiyah ağzıyla esnedi, üç defa etrafta dolandı ve gölgelerin içindeki şömine kiliminin üstüne uzandı.

"Ne dediğimi duydun mu, Thomas?" dedi Missus.

Tommo gözlerini kırpıştırdı.

"Sana intikamını verebilirim. Bu kızdan hakkını geri al. Bu *zorba* kızdan. Bu *haydutttan.* Onun başka birine de zarar vermesine izin verme. Kendin için değilse bile, bir sonraki *kurbanı* için, ondan sonraki için . . . Sadece benden yardım isteyerek, *bizden* yardım isteyerek sona erdirebileceğin zarar verme döngüsünü düşünsene."

Köpeği de sözlerine dâhil etmek için, elini gösterip avuç içini havaya doğru kaldırmıştı.

"Siz neden bahsediyorsunuz?" dedi Tommo.

"Onda ve bende güç var," dedi kadın neredeyse fısıltıyla.

Dışarıdaki yağmur sesinden dolayı onu duymak için eğilmek zorunda kalmıştı.

"Kızın gitmesini sağlayabiliriz," dedi. "Dünyaya onu unutturabiliriz. Çok basit. Hiç kimse, hiçbir ruh onu hatırlamayacak. Ve artık ardında hiçbir yara izi, hiçbir emare bırakmayacak. Ve artık huzur olacak."

Sözcükler kulağına damla damla süzülürken, Tommo dinledi.

Tüm olanları gözden geçirdi. Hiçbir şeyin mantıklı olmaması dışında başka hiçbir mantık yoktu ortada. Her şey deli saçmasıydı. Burada olmaması gereken bu kulübe, eski bir hikâye kitabından fırlamış bir cadı olduğu her halinden belli olan bu kadın ve hatta dışarıdaki bu yağmur . . . Daha yarım saat önce yağmura dair hiçbir emare yoktu.

Ama bir şey söylemek zorundaydı.

Zaman uzayıp gidiyordu.

Ellerinin arasındaki çay fincanı soğumuştu, sanki orada saatlerce oturmuş gibi . . .

Artık hırıltıyla solumuyordu.

Ama aniden büyük bir korku hissetti.

"Bunu yapabilir misiniz sahiden?" dedi en sonunda.

"Elbette yapabiliriz. Bizim dünyadaki rolümüz bu. İşleri düzene sokmak. Dünyayı, iyiler için güvenilir kılmak. Senin gibiler için, Thomas."

"Evet, anlıyorum," dedi Tommo.

Oyalanıp duruyordu.

Çıkıp gitmesi gerekiyordu ama eğer ayaklanırsa, kadının kendisini yeniden oturtmasından korkuyordu.

Ve sonra aniden, yağmurun ardı arkası kesilmeyen fısıltıları arasından bir tangırtı sesi geldi.

Kuzinenin içinden.

Missus döndü; Tommo yerinden sıçrayıp fincanını düşürdü.

Fincan kilime sıçradı ve koyu bir leke yayılmaya başladı kilimin üstünde.

Missus, Tommo'ya bakıp, "Ah canım, yemek devrildi, sen de ortalığı birbirine kattın. Olur böyle şeyler," dedi.

Ağzını genişçe yayarak, kızılımsı ışıkta parlayan dişlerini göstere göstere sırıttı.

"Neydi bu?" dedi Tommo, eğilip fincanını yerden alırken.

Yaprak başını kaldırıp ona baktı.

"Et devrildi sadece. Telaş edecek bir şey yok. Sen gidince hallederim ben, Thomas. Kuzinenin kapağında güzel bir kilit var. Hiçbir şey dışarı çıkmaz."

Gözleri gölgede, tekrar gülümsedi. Tommo titredi.

Şaka yapmıştı.

Şaka mı yapmıştı?

Yere düşen ama kırılmayan fincan elinde, ayağa kalktı Tommo.

Kalkarken, tepesindeki kirişlerin arasında bir yerde, gölgelerin içinde bir hareket gördü, ya da gördüğünü sandı. Ama hiçbir şey yoktu, sadece bir örümcek ağıydı belki de kımıldayan, ya da daha önce fark ettiği tavana asılı bohça sallanmıştı. İçerisi, bu alçak tavanın altından bunu seçemeyecek kadar loş ve gölgeliydi.

Nedendir bilinmez, bir an geldi aklına. Günün başlangıcıyla ilgiliydi. Gördüğü rüyanın kısacık bir yankısıydı sanki. Daha önce adını duymadığı şu çocukla deniz kenarına gitmekle alakalı bir şeydi. Neydi o isim? O kapıya vurduğunda, söylemişti o ismi...

Ve sonra bir gölge geçti zihninden; kulübe yeniden yuttu onu.

"Bir bez alabilir miyim?" dedi, kilime dökülen çaya işaret ederek.

"Hemen kurur," dedi Missus. "Sen merak etme."

Ve o da ayağa kalkıp, Tommo'nun omzuna elini koydu.

"Gel."

Onunla kulübenin kapısına doğru yürüdü.

Dışarıda, yağmur hafifliyordu.

"Adalet, Thomas. İşte bundan bahsediyoruz. Bunu senin için kolayca sağlayabiliriz, karşılığında da hiçbir şey istemeyiz. Biz bunun için var olduk, dengeyi sağlamak için. Al bunu." Ceplerinin birinden bir meşe palamudu çıkarıp, Tommo'nun avucuna koydu ve parmaklarını, meşe palamudunun üstüne kapattı. "Söylediklerimizi düşün ve eğer içindeki acı, adalet isterse, bunu elinde ez. Biz gece hemen gelir, sen uykudayken dünyanın kırışıklıklarını düzeltiriz."

Kapıyı açtı ve Tommo'nun sırtına hafifçe dokunduğu eliyle onu dışarı çıkardı.

Tommo'nun kalbi güm güm atıyordu.

Bacakları titriyordu.

Sanki cezası ertelenmiş gibi hissetti.

Önünde bereketli, yemyeşil, az önce duran yağmurla ıslanmış bir orman vardı. Damlalar süzülüyordu ağaçlardan.

Yaprak'la beraber, büyük yapraklı eğrelti otlarının ve küçük otların arasından geçerek yürüdü, ta ki aşina olduğu ormana geri gelene kadar. Yaprak'ın gidişini izlemek için arkasına döndüğünde, çiftçilerin tarlalarına bakmakta olduğunu fark etti.

Elektrikli çit hafifçe vınlıyor, rüzgâr dizi dizi uzanan yeşil sapları ileri geri itiyordu.

Tommo, avucundaki meşe palamuduna bakıp, her şeyin ne kadar saçma olduğunu düşündü.

Ve kolunu geri çekip, fırlattı onu, elinden geldiğince uzağa, ekinlerin içine...

Ama aslında atmamıştı.

Fark etmeden, cebine tıkıvermişti onu.

Tommo, küçük koruluktan geçip dere kenarına geri gelmişti, sadece bir iki dakikalık bir yürüyüştü bu.

Salıncak *oradaydı.*

Dere kıyısı *oradaydı.*

Ve Jayce *oradaydı,* yamacın tepesine oturmuş, onu bekliyordu.

"Nerelerdeydin?" dedi Jayce; Tommo, derenin karşısına geçmek üzere adım atarken.

Tommo ne diyeceğini bilmiyordu.

"Sascha kolunu kırdı. Hastaneye götürdüler."

"İyi mi peki?"

"Öyle sanırım. Ambulanstaki adam, bundan çok daha kötülerini gördüğünü söyledi."

Jayce, Tommo'ya astım cihazını fırlattı.

"Deredeydi," dedi. "Sağlam sakladım onu."

"Sağ ol."

Tommo, onu şöyle bir sallayıp, cebine attı. Ciğerleri hâlâ rahatça nefes alıp veriyordu.

Etrafına bakınıp, "Maria nerede?" diye sordu.

"Ah!" dedi Jayce. Seni kovaladıktan sonra geri dönüp, Sascha'yla beraber ambulansa bindi. *Gerçekten* üzgündü, Sascha'dan bile daha üzgündü, sanırım."

Tommo kök merdivenleri tırmanıp, yüksek yamaçtaki arkadaşının yanına oturdu. Bacakları uçurumdan aşağı sallanıyordu.

"Yanağına fena geçirmiş," dedi, Tommo'nun yanağını renklendiren morluğa hafifçe dokunarak. "Tüh, yarın okulda değiliz ne yazık ki. Kahraman olurdun!"

"Her yerim mosmor," dedi Tommo, ağrıları hissederek.

Bir sessizlik anı...

Kuşların cıvıltısı...

"Neredeydin?" diye sordu Jayce. "Saatler geçti."

Tommo saatine baktı. Jayce haklıydı. Neredeyse öğle yemeği zamanı gelmişti.

"Bilmem," dedi. "Koştum. Maria yeniden saldıracak diye düşündüm. Ve ben... ben kayboldum..."

"Kayboldun mu? Ormanda mı? Mümkün değil."

Jayce kafasını salladı.

Ve tabii ki bu doğruydu. Çocuklar bu orman bölgesini avuçlarının içi gibi bilirlerdi. Patikalarda koşabilecek kadar büyüdüklerinden beri her tatilde, bu yollarda koşturmuşlardı.

"Biliyorum," dedi Tommo. "Ama..."

Ve işte tam o anda yalnız olmadıklarını fark ettiler.

Dere yatağında yürüyen bir kadın vardı.

Koyu renk bir takım giyinmişti. Önüne doğru uzattığı cep telefonundan yön takibi yapıyor gibi görünüyordu, bir bilim kurgu filminde, tarayıcıyla gezen biri gibi . . .

Tommo kadını tanımıştı. Ormana doğru giderken yanından geçtikleri kadındı o, onlara *dikkatli olmalarını* söyleyen . . .

Onların altındaki yamaçta durup, diğer yamaca, daha alçaktaki yamaca baktı. Tam eğrelti otlarının içine, yukarı doğru gidecekti ki (Tommo'nun az önce geldiği yolu mu takip edecekti?) durdu, dönüp onlara baktı.

Telefonunun ekranına bakıp, iki kere tıkladı ve sonra konuştu.

"Sıradan çocuklar mısınız siz?"

Hiçbir şey demediler.

Cevap vermeleri gereken bir soru gibi değildi bu.

Koyu gözlüklerini çıkarıp, elinde salladı.

Gözleri yorgun görünüyordu.

"Çocuklar!" dedi yeniden. "Sabahtan beri burada mıydınız? Yani daha önce karşılaştığımızdan beri . . ."

"Iım," dedi Jayce.

"Eee," dedi Tommo.

Günün tuhaflığı hiç de azalmıyordu.

Kadın yaklaştı.

"İkinizden biri," dedi sesini alçaltarak, "bu sabah tuhaf bir şey gördü mü?"

"Nereden başlamalı?" diye düşündü Tommo, ama hiçbir şey demedi.

"Hayır mı?" dedi kadın, onların sessizliğini bir cevap gibi düşünerek.

"Hayır, hiç sanmıyoruz," dedi Jayce ve oturduğu yerde pozisyonunu değiştirdi.

Öyle görünüyordu ki içinde kaybolması imkânsız olan bir ormanda saatlerce kaybolmuş arkadaşı hakkında, bu yabancıya bir şey söylemeyecekti.

Tommo bunun için minnettardı. Bu sabah olanları kimseye açıklamak istemiyordu, daha kendine bile açıklayamamışken . . .

Çocuklar ayaklarını kımıldattıkça, kök merdivenlerden aşağı iri taneli kumlar patır patır dökülüyor ve minik bir toz bulutu kalkıyordu.

"Pekâlâ," dedi kadın. "Ama eğer olursa -herhangi garip bir düşünce, başıboş, kopuk anılar, garip görüntüler . . . size ait olmayan şeyler- bana haber verin. Beni arayın."

Ceketinin cebinden bir kartvizit çıkarıp, Jayce'e uzattı.

Sonra gözlüklerini takıp arkasını döndü ve yürüdü, minik bir sıçrayışla dereden geçti ve yavaşça eğrelti otlarının arasına, elektrikli çitlere ve çiftçi tarlalarına doğru yöneldi. Hemen hemen Tommo'nun yolunu takip ediyordu.

Yine de çok fazla gitmeden, tam da Jayce kadının kartını Tommo'ya uzatırken, geri döndü, aradaki mesafeyi kolaylıkla aşan anlaşılır, net bir sesle, "Sizin yerinizde olsam, ormandan uzak dururdum. Burada ters giden bir şeyler var," dedi.

Ve sonra gitti.

Tommo, dikdörtgen şeklindeki küçük kartı elinde çevirdi.

Bir isim, üç haneli bir numara ve bir logo haricinde, kart boştu.

Mimi Jofolofski, yazıyordu.

DXXA harflerinin üzerinde bir taç resmi vardı. X harflerinin her biri, birbirine geçmiş, çapraz kılıçlardan oluşuyordu.

"Onlar ambulansla gittikten sonra, seni aramak için buraya geri geldim," dedi Jayce. "Endişelenmiştim. Neredeydin?"

Yürürlerken, Tommo dökülüp hikâyesini anlatmaya başladı.

"Çok garipti," diye açıkladı. "Sen beni bulamadığın zaman . . . ben öyle uzağa koşmuşum ki, ben . . . ben başka bir yerde buldum kendimi."

"Hadi canım sen de!" Jayce bir kahkaha attı. Ama Tommo'nun yüzündeki ciddiyeti gördüğünde sustu. "Ne gördün?"

Tommo, ona kulübeyi, Yaprak'ı ve Missus'u anlatmaya başladı. Ama bisikletlerine vardıklarında, ancak kulübeye girişi ve astımını rahatlatan, sihirli buhar fincanına kadar gelebilmişti.

"Bak," dedi. "Kimseye bundan tek kelime anlatmak yok, tamam mı?"

Jayce tamam anlamında başını salladı.

"Tabii ki."

Tommo bisikletini çekti, bir bacağını üstünden geçirip, bisikletin ortasındaki yatay çubuğun üstüne eğildi. Bir ayağı pedalda, uçmaya hazırdı.

"Yarın görüşür müyüz?" dedi.

"Kesinlikleee," dedi Jayce.

Ve sonra, Tommo aşağı doğru ilk hamleyi yapmadan hemen önce, Jayce başka bir şey söyledi.

"Aradım seni," dedi. "Ormanın her yerinde seni aradım. Seslendim, seslendim. Cevap vermedin. Nerede olduğunu bilmiyordum. Gerçekten gittin sandım." Başını salladı, gözleri büyümüş ve parlıyordu. "Bir daha sakın yapma bunu."

Ve sonra Tommo'nun koluna bir yumruk atıp, "Hadi git," dedi. "Babana dikkat et."

Mutfakta radyo çalıyordu. Sunucu, bir yerdeki sel haberini sunduktan sonra başka bir yerdeki savaş haberine geçmişti. İnsanlar hayatlarını kurtarmak için kaçıyorlardı. Her şeyi arkalarında bırakıp, sırtlarındaki bir gömlekle kaçıyorlardı.

Tommo içeri girerken, babasının mutfak masasına oturduğunu gördü.

Tabağı boştu.

Çatalla bıçak yan yana duruyordu.

Ve bir suç sahnesindeki gibi ketçap lekeleri...

Babası, başını kaldırıp, kapının eşiğinde, arkasından vuran güneş ışığıyla aydınlanmış Tommo'nun silüetini görünce, "Nerelerdeydin sen?" diye sordu.

"Ormana inmiştim," dedi Tommo. "Biz . . . şey yolunu kaybettik."

"Köpek yemeğini yedi," dedi babası arkasına yaslanıp, tabağını az öteye ittirirken.

Köpekleri yoktu. Babası, Tommo'nun öğle yemeğinin çöpe döküldüğünü anlatmaya çalışıyordu.

Tommo, bir an ayakta öylece dikili kaldı, nefes alıp verdi.

Babası bazen böyleydi işte. Kapıdan girdiğinizde, hangi versiyonuyla karşılaşacağınızı asla bilemezdiniz, Sessiz ya da Huysuz.

Bu seferki Huysuz'du.

Ama tam da midesinin gurultusunu işittiği sırada, babasının yüzü yumuşadı.

Sandalyesini masadan geri çekip, Tommo'ya bakmak için öne doğru eğildi.

"Aman Tanrım! Ne oldu sana?" dedi. "Bisikletten falan mı düştün?"

Endişe?

"Hayır," dedi Tommo. "Yumruk yedim."

Kaş çatış.

Aslında bunu söylemeye hiç niyeti yoktu, neden söylediğini merak etti.

"Yumruk mu yedin?"

Babası yanına geldi, çenesini iki kaba parmağının arasında sıkıca kavradı ve başını bir o yana bir bu yana çevirdi.

Tommo keşke bıraksa diye geçirdi içinden.

Bıraktı.

"Kim yaptı bunu? Kiminle kavga ettin?"

"Kimseyle kavga etmedim," dedi Tommo. "Ben..."

"Kim?" dedi babası.

Endişe ama soğuk...

"Maria," dedi Tommo, "Maria Peake."

Midesi, birdenbire sarsıldı içinde, aniden düşen bir asansör gibi...

Bunu da söylemek istememişti.

"*Onu ele verdim.*"

Bu garip bir düşünce, garip bir histi çünkü ona düşmanca davranan Maria'ydı, hem de beklenmedik ve ani bir şekilde... Ama yine de içindeki bir şey, ona karşıdan bakıp üzgünce başını sallıyordu. *Bunu söylememeliydin. Çocuklar birbirine destek olurlar, yetişkinlere gidip ispiyonculuk yapmazlar.*

"Git de yıkan," dedi babası homurdanarak. Gitmesine izin verirken, bir yandan da ittirerek... "Ben sana bir tost yapayım."

Tommo yatağında oturup, çizgi romanlarını okumaya çalıştı ama kelimeler gözünün önünden öylece geçiyor, resimler hiçbir anlam ifade etmiyordu.

Sadece moraran, zedelenen yerleri değil, her yeri ağrıyordu.

Babası, merdivenlerden yukarı doğru seslenmiş, "Kulağın kapıda olsun. Bir kargo gelecek. Ben çıktım," demiş ve gitmişti.

Hep böyleydi.

Annesi gittiğinden beri böyleydi.

Sadece ikisi kalmıştı, birbirlerini yontup duruyorlardı, taşlar gibi...

Kıvılcım çıkarıp, ateş yakıp ısınmanız *beklenirdi* ama çoğunlukla elinize geçen şey toz, çizikler ve kötü duygular olurdu.

O kalabalık evde, Jayce'i düşündü.

Evet, Jayce'in ablası bugün bir tuhaftı ama normalde her zamanki Maria'ydı işte...

Ve Sascha'ya gülmekten kendinizi alamazdınız. Bulunduğu yeri, eşsiz bir hayal gücüyle aydınlatır, orayı özel kılardı. Tommo onu hep sevmişti, hastaneden küçücük bir bebek olarak getirildiğinden beri...

Sascha ve Jayce aynı odayı paylaşırlardı. (Eğer bir arkadaşını ziyaret etmek için bir yere gitmediyse.) (Ayrıca bir ton arkadaşı vardı Sascha'nın. Tommo, bu zamana kadar gerçekten tek bir arkadaşa sahip olduğu için, bunu anlamakta güçlük çekerdi.)

Bu nedenle, onlar oynarken, Sascha yatağına uzanır, uzay gemilerinde uçan ya da kalelerinde yaşayan insanların hikâyelerini anlatırdı.

Çocuklar ortalıktayken bile tartışan ve birbirlerine hakaretler savuran Jayce'in annesiyle babası bile o kadar kötü değildi. Tommo, onlar oradayken çok ortalıkta görünmemeye çalışırdı ama yine de ona hep nazik davranmışlardı. Pakette kalan son bisküviyi ona ikram etmişler, bazen de ona bir akşam yemeği hazırlamayı çok görmemişlerdi.

Onlar hep böyleydiler. Aile dostlarıydılar, ama artık babasıyla pek konuşmuyorlardı.

Annesinin şimdi ne yapıyor olduğunu merak etti. Nerede olduğunu.

Ama sorabileceği kimse yoktu.

Ve sonra, kapı zili çaldığında birden uyandı.

Uyuyakaldığını hatırlamıyordu ama yanağındaki salyayı silip aşağı koştu.

Duvardaki saat, saatler geçtiğini söylüyordu.

Jayce'ti. Arkasında da Maria vardı.

Tommo'nun bir tarafı, kızı gördüğünde irkildi; hem kendisine öfkeli hem kıza öfkeliydi. O yanı, onu giriş holüne geri sürükledi, ama sonra, geri kalan tarafı, daha büyük tarafı -yıllarca ve yıllarca, yüzünü böylesine fena *yumruklamadığını* hatırlayan yanı- öne doğru bir adım attı ve "Selam," dedi.

"Konuşmamız lazım," dedi Jayce. "Maria'nın konuşması gerek."

Omzunun üstünden başparmağıyla Maria'yı işaret etti.

Kız mahcup (doğru kelime bu muydu?) görünüyordu, sanki burada olmayı gerçekten istemiyormuş gibi.

Yolun karşısında bir çift güvercin, bir sokak lambasının üzerine konmak için kavga ediyordu.

Kanat çırpışlarının sesi ve telaşları onların bir an dikkatini dağıttı.

"Biz de içeri girebilir miyiz?" dedi Maria, onunla yüz yüze gelmek için geri dönerek.

Mahcuptu. (Doğru kelime *buydu.*) Birisi onu burada Tommo'yla konuşurken görebileceğinden ötürü bir parça endişeliydi. Bir parça da utanmış.

Böylece salona geçtiler. Jayce enerjiyle dolup taşıyordu, Tommo'nun hissettiğinin tam aksine... Maria ise ikisinin arasında bir yerde, bocalıyor gibi görünüyordu.

Jayce, kıza bakarak, "Hadi," dedi. "Anlat ona." Parmak uçlarında zıplayarak yürüyordu.

"Ne anlatacakmış bana?" dedi Tommo.

"O da seninle aynı yere gitmiş," dedi Jayce. "Hadi, devam et, anlat ona."

Tommo'nun kalbi yerinden oynadı.

Koltuğa oturdu, sanki birisi onu itmiş gibi geriye doğru gömüldü.

İçi kıpır kıpır olmuştu.

Yalnız değildi.

Kendinden geçmemişti.

Her şey *gerçekti.*

"Şu diğer çocuğu anlat ona," dedi Jayce. "Şu Horace."

"Hector," diye düzeltti Maria.

Maria, Tommo'nun babasının koltuğuna oturdu.

"Pazartesi sabahıydı," dedi, sanki onlara bir uyku zamanı hikâyesi anlatacakmış gibi... "Ama sanki yıllar önce gibiydi... sanki başka bir dünya gibi. Sascha'ya bakıyordum, biliyorsunuz, her zaman yaptığı gibi ön tarafta oynarken ona göz kulak oluyordum. Ama telefonum çaldı. Benim... benim arkadaşım, Hester... o... ben..." Maria duraksadı, bir nefes alıp uzaklara baktı. "Bu yüzden yukarı kata çıktım, geri indiğimde bir baktım ki Sascha yok. Deliye döndüm. Her yere baktım. Ve sonra, ne kadar süre geçti bilmiyorum, sen ormandan çıkıp, ağaçlıklı yoldan yukarı koşarak geldin..."

"Ben mi?"

"Evet, sen," dedi Maria ona bakarak. "Onu siz götürmüşsünüz. Sen ve o Hector."

Tommo başını salladı.

Bu hiç mantıklı değildi. Pazartesi yağmurluydu. Bütün sabahı, Jayce'in odasında, Sascha'ya Uno oynamayı öğretmeye çalışarak geçirmişlerdi. (Ki bunu Bay Timsah, Sascha'dan daha çok ciddiye almıştı.) Maria odasında müzik dinliyordu ve annesi müziğin sesini kısması için ona bağırıyordu.

Tommo Jayce'e baktı.

"Biz sizin evinizdeydik."

Jayce onaylarcasına başını salladı.

"Biliyorum. Ona söyledim. Ama dinle," dedi. "İşte burası işlerin tuhaflaştığı yer... Daha da tuhaflaştığı yer."

Jayce sırıtıyor, durmadan sallanıyor, heyecanını zor zapt ediyordu.

"Sascha'nın yaralandığını sen söyledin," diye devam etti Maria. "Düştüğünü söyledin, sonra Hector'un ona taş attığını... onu salıncaktan düşürdüğünü falan söyledin. Bağıra bağıra ağlıyordun. Her neyse, babam Jayce'i yüzme kursundan daha yeni getirmişti. Sonra 999'u aradı ve biz Sascha'yı bulmak için koştuk." Gözlerini Jayce'e bakarak kırpıştırdı. "Ambulansı beklemek için Jayce'i evde bıraktık."

"Ben yüzmekten nefret ederim," dedi Jayce. "Yıllardır havuza girmedim."

Tommo bunu biliyordu. Herkes biliyordu bunu. Jayce, bebek havuzuna düştüğünde öyle bir yaygara koparmıştı ki o zamandan beri yüzme derslerinden muaftı. Derin bir su birikintisinin yanında durmak bile onu huzursuz ederdi.

"Her pazartesi havuza gidiyorsun," dedi Maria.

Bundan emin görünüyordu.

Jayce gözlerini devirip omuz silkti.

Tommo ürperdi. Omurgası boyunca yukarı çıkan sonra tekrar aşağı inen, soğuk bir ürperişti bu.

Tommo koltuğun altında hareket eden gölgeleri görmedi ama nedense onların, sabırlıca konuşmaları dinlediklerini, arkasındaki duvara sinsice yaklaşıp, omzuna dokunmak için beklediklerini hayal etti.

Gözlerini Maria'ya dikti.

"Sascha deredeydi," dedi Maria, "ve kolu kırılmıştı, bu benim hatamdı. Onu gözümün önünden ayırmıştım. Onun götürülmesine izin verdim. Ve sonra bu çocuk gülmeye başladı. Bizim tepemizdeki yamacın üstünde, orada, bizi gösterip gülüyordu, sanki her şey kocaman bir şakaymış gibi . . . Ben . . . şey, gözümü kan bürüdü."

Hatırlarken kızardı. Yüzünü buruşturdu.

"Saldırdım ona," dedi. "Yani bakın, hak etti bunu. Sascha . . . ağlıyordu, o ise kaçtı. Benden korktu." Neredeyse öksürüğe benzeyen hafif bir kahkaha attı. "Babam bağırıyordu, ama ben geri adım atamazdım. Sascha'yı ben bırakmıştım . . . bu benim hatamdı. En azından o çocuktan Sascha'nın intikamını almak, yapabileceğim tek şeydi."

Öyle görünüyordu ki şimdi de Maria ürpermişti.

Bir an hiçbir şey söylemedi, sonra, "O koştu, ben kovaladım. Ama kaybettim onu. Yoldan sapıp çıkmış olmalı . . . ya da ben yoldan çıktım ya da . . . Ve birden fark ettim ki nerede olduğumu bilmiyordum. Orman çok derindi. Ve etrafımda gölgeler vardı, gölgeler benim yanı sıramda koşuyordu."

"Köpek," dedi Tommo.

Maria hayretle baktı Tommo'ya.

"Evet, köpek," dedi.

"Ve sonra kulübe, açıklık," dedi Tommo.

"Evet," dedi kız.

"Senin bana bahsettiğin yer," dedi Jayce nefesi kesilerek. "Bu kulübe. O yüzden böyle tuhaf davranıyordu. Dinle."

"Köpeğin ismi neydi?" diye sordu Maria, kardeşine yandan sinirli bir bakış atarak.

"Ne?"

"Ormanda, seni götüren gri köpek."

"Yaprak," dedi Tommo.

"Ah, aman Tanrım!" dedi Maria.

"Kadın sana ne dedi?"

"Kan davalı ailelerden bahsetti, Vahşi Batı'daki gibi... Biri, bir ailenin çocuğunu vurduğunda, o ailenin de diğerinin çocuğunu öldürdüğünden ve bunun böylece sürüp gittiğinden bahsetti. Göze göz, dişe diş. Öfkelenmekte *haklı olduğumu,* adalet istemekte *haklı olduğumu söyledi. Ve* kardeşimi korumak, onu savunmak, onun *intikamını* almakta haklı olduğumu . . ." Sesi kesik kesik, püskürür gibi geliyordu. "Yaptığım şeye üzülmüştüm. *Ona bakmam* bekleniyordu. Ama onun düşmesi, *o çocuğun* suçuydu, taşı atan oydu . . . hem Sascha, biliyorsunuz, daha kendi intikamını alamayacak kadar küçük. Küçücük bir çocuk o daha. Bu yüzden, onu korumak artık bana düşüyordu, bu konuda bir kez başarısız olunca da Missus'un önerdiği anlaşmayı kabul ettim."

"Bir meşe palamudu," dedi Tommo.

Maria şimdi ona baktı.

Tommo, kızın bakışlarındaki ifade korku mu, üzüntü mü yoksa öfke mi tam olarak anlayamadı.

"Evet," dedi Maria.

"Sen de onu ezdin?"

"Evet, ezdim."

Jayce bir ona, bir diğerine baktı.

"Dünyayı değiştirdim," dedi Maria birden sertçe. "Ben dünyayı değiştirdim. Ve şimdi nerede olduğumu bilmiyorum. Şu *aptal çocuk . . .*"

"Hector?"

"Evet, bana bunu o yaptırdı. Yaptığı şeyle . . . Sascha'ya yaptıklarıyla bir de böbürlenip durdu. Buna dayanamadım. Ve Sascha onu affetti!" Bunu söylerken küçük, öfkeli bir kahkaha attı. "İntikamımızı almaktan başka bir şey düşünemiyordum, Sascha ise sadece gülüp geçti. Hiç değişmedi. Değişmeyen tek şey bu."

"Yavaşla," dedi Tommo, nefes almadan söylediği sözcükleri takip etmeye çalışarak. "Ne değişti?"

"*Her şey*. Jay'in, beş yaşındayken şömineye düşüp aldığı yara izi kayboldu."

"Ne yarası?" dedi Jayce.

"Babamla annem . . . farklılar, eskisi gibi değiller. Saç kesimleri, kıyafetleri . . . Küçük şeyler. Odamın halısının rengi farklı, perdeler . . . İşte böyle şeyler . . . ve . . ."

Havası boşalmış gibi söndü.

Sözcükleri tükendi.

Şarjı bitti.

Sessizleşti.

Saat tik tak diye işliyordu.

Hepsi derin bir nefes aldı.

"Bana şu Hector'u anlatsana," dedi Tommo bir müddet sonra konuyu değiştirerek.

"Hiç kimse onu hatırlamıyor," dedi Maria.

"Onu tanımıyordum," dedi.

"Sadece Jay'den duyduğum kadarıyla," dedi, erkek kardeşine başını sallayarak.

"Bana bakma," dedi Jayce ellerini kaldırarak.

"Sen onunla aynı sınıfta değildin," dedi Maria. "Ama bazen, onun okulda yaptıklarının hikâyesiyle eve geldiğini hatırlıyorum. Dikkat çekmek için her zaman uçuk kaçık şeyler yapan, gösteriş meraklısı çocuklardandı. Hep 'ben, ben, ben,' der, ama böyle davranarak aptalca görünürdü. Bir keresinde çocuğun birinin pantolonunu kaptığını hatırlıyorum, zavallı çocuk, altına işemişti, o da bahçede o pantolonla koşturup durmuştu. Tam bir küçük zorba gibiydi."

Tommo, midesinin ağzına geldiğini hissetti.

"Bu *oydu*!" dedi Jayce, parmağıyla Tommo'yu göstererek.

"Komiklik olsun diyeydi," diyerek mırıldandı Tommo. "Biraz gülelim diye."

"Bir keresinde sizin okulunuzda İsa'nın doğumu üzerine bir oyun izliyorduk," diye devam etti Maria. "Ve Meryem'in o büyük konuşmasının tam ortasında, koyunlardan biri kocaman bir osuruk sesi çıkarıp, ayakları havada, ölü gibi yere yığıldı. Bu oydu."

"Yok, Hector değildi o, o . . ." diye başladı Jayce. "Adı neydi onun?"

Tommo da zihnini yokladı.

"Hani şu uzun boylu, beyaz saçlı, lahana gibi kokan . . . Dördüncü sınıfta başka bir yere taşınmıştı."

"Odo. Odo Parnell."

"Evet o."

"Bu Hector hakkında bir şey daha. Senin en yakın arkadaşındı o." Maria bunu söylerken Tommo'ya baktı.

"Hayır, o benim!" dedi Jayce, göğsüne vurarak. "Her zaman."

"Her zaman," dedi Tommo, gayri ihtiyari.

"Ben öyle hatırlamıyorum," dedi Maria kafasını gergin bir şekilde sallayıp kütürdeterek. "Ben artık farklı bir dünyadan geliyorum ya da farklı bir dünyadayım artık . . . Bilmiyorum. Annemin kaktüsleri olurdu hep, ama şimdi evde tek bir tane kaktüs yok. Ve farklı bir marka diş macunumuz var. Bu lanet olasıca şeylerin hepsi neden değişti ki sanki?"

Tommo, bir an bile düşünmeden ona inandı. Missus'un ne teklif ettiğini biliyordu. Bu Hector'u o ortadan kaldırtmıştı, tıpkı kendisinin de Maria'yı *sildirebileceği* gibi . . . Ve dünya boşlukları doldurmak için kendisini *yeniden şekillendirmişti.* (Ve bu bütün yol boyunca zihninde dönüp yankılanmıştı. Bu diğer çocuk, kayıp çocuk hakkında bir şeyler hatırladığını hatırlayabiliyordu, ama tam olarak ne hatırladığını hatırlayamıyordu.)

"Hector'la ilgili bir şey olmalı bu," diye ortaya bir fikir attı Tommo. "Belki de beş yaşındayken yaptığı bir şey . . . Belki o bir çiçek peyzajındaydı, ev bitkilerinin olduğu tarafta. Sen de oradaydın ve onunla karşılaşmamak için kaktüs bölümüne gittin ama bu, o zamandı, bu sefer öyle olmadı."

Dalga dalga yayılan değişiklikleri düşünmeye başladı Tommo. Hector'un arkadaşı olan, orijinal Tommo'nun farkı neydi? O da farklı bir zamanda, farklı bir insandı.

Bunu anlamak çok zordu. Ama yine de bir şekilde mantıklı gelen bir saçmalıktı. Evin etrafında göz gezdirdi, bir şeyler olması gerektiği gibi değildi.

Evin dışında, bir arabanın tekerleklerinin altında, küçük taşların pıtır pıtır sesi geldi ve arabanın motoru sustu.

"O zaman ne yapıyoruz?" diye sordu Maria. Deliye dönmüş gibiydi. "Burada sıkıştım kaldım."

Tommo'ya baktığında gözleri yaşlarla parlıyordu ve korkuyordu.

"Sana da bir tane verdi," dedi. "Bir meşe palamudu."

Tommo onaylarcasına hafifçe kafasını salladı.

"O, benim . . . benim için mi?" dedi. "Sana yumruk attığım için mi?"

Tommo yeniden kafasını salladı.

Tam da kilit yerini arayan bir anahtarın tıngırtısı ön kapıdan geldiğinde, "Tommo," dedi ona doğru ilerleyerek. "Ne yaparsan yap—"

"Çabuk," diye fısıldadı Tommo, birden yerinden sıçrayarak. "Arka taraftan çıkın."

Maria ve Jayce ürkmüş, şaşırmış, korkmuş, öylece donup kalmışlardı.

"Senin bana vurduğunu biliyor," diye fısıldadı Tommo.

Ve bu sözler üzerine, anahtarın kilidin içinde yolunu bulup dönerken çıkardığı şıngırtıyla, her şeyi anladılar. Jayce, Maria'yı mutfağa doğru götürdü.

Tommo, hole gidip, salon kapısını kapattı.

"Yardıma ihtiyacın var mı?" diye sordu, babası anahtarı kilitten çekerken.

"Ne diyorsun?" diye homurdandı babası.

Babası ön kapıyı çarparak kapatırken, Tommo, arka kapının dikkatlice kapatıldığını uzaktan duydu.

"Çekil yolumdan," dedi babası, onu ittirerek yanından geçerken. Sonra ön taraftaki odaya gidip televizyonu açtı.

Tommo olduğu yerde kaldı. Hem bu kıl payı kaçıştan hem de Maria'nın ifşalarından dolayı başı dönüyor, kalbi hızlı hızlı çarpıyordu.

Derin bir nefes aldı.

Sonra bir daha.

Hareketsiz koridor duvarına bir parmağının ucuyla dokundu.

Upuzun bir boşluğa düşüyor, düşüyordu ve henüz dibe ulaşmadığını çok iyi biliyordu.

ÇARŞAMBA GECESİ

O akşam Maria yatak odasının penceresinden dışarı tırmandı. Garajın çatısına adım attı, elleri ve ayaklarıyla yola doğru uzanan çite tutunarak aşağıya indi.

Bu yeni dünyada, en azından kaçış rotası hâlâ yerli yerindeydi. Küçük erkek kardeşiyle kız kardeşi yattıktan sonra, gizlice evden ilk kaçışı değildi bu zaten.

Güneş hâlâ doğudan doğup, batıdan batıyordu; başbakan hâlâ aynı kişiydi ve yatak odasındaki duvar kâğıdı, dokuz yaşındayken seçtiği, sonrasında değiştirmek için ailesini bir türlü ikna edemediği o utanç verici ünikorn deseniydi hâlâ... Oysa başka birçok şey farklıydı.

Birlikte yaşadığı insanları neredeyse tanıyamıyordu.

Missus'un yaptığı o anlaşmadan sonraki sabah tam bir şok olmuştu ona. Annesi sanki hiçbir şey olmamış gibi kahve yaparken neşeli, kısa bir şarkı mırıldanıyordu!

Yanağı o tokadın insafsızlığıyla hâlâ sızlıyordu ve annesi ne kadar alaycı şeyler söylerse söylesin, ona karşılık vermeye hazırdı. Ama bambaşka görünen bir mutfağa adım atmıştı, kendisine öfkeli olmayan, *mutlu* ebeveynlerle dolu bir mutfağa...

Yine de neler olduğunu anlamaya başlaması, gerçeği kabul etmesi, ormandaki kadının, verdiği sözün, yaptığı *anlaşmanın*, *büyüsünün*, hepsinin gerçek olduğuna gerçekten inanması yavaş yavaş oldu.

Dalga dalga...

O karanlık, küçük kulübede, kadın, o aptal çocuğu çekip aldıktan sonra, dünyanın onun yokluğunda iyileşeceğini, bir yaranın kapanması gibi, dünyanın her iki yanının bir araya geleceğini ve sanki onun hiç var olmamış gibi olacağını söylemişti.

Ve bu iyileşmenin bir parçası da *değişimdi.*

Maria, dünyanın önceden nasıl olduğunu hatırlayan tek kişiydi.

Alacakaranlıkta, sessizce yolda ilerledi. Yüreği de peşinden geliyordu ama kendisini vahim bir mesafeye çekiyor, yaptığı şeyden sonra onunla konuşmayı reddediyordu.

Daha iki gün olmuştu ve o acısı hâlâ tazeydi.

Bu, kısmen utanç, kısmen suçluluk duygusuydu.

Kız kardeşinin yanında olması gerekirken, dönüp, içeri gitmişti bir dakikalığına, iki dakikalığına belki de . . . Küçük kız kardeşi . . . Saftirik, savunmasız küçük kız kardeşi . . .

Sascha saf ve masumdu. Hiçbir şeyde tehlike görmezdi.

Maria dışarı çıkıp, ortalıkta *Sascha* falan göremeyince, mahallenin etrafında koşmuş, evin içine, arabanın altına bakınmış, deliye dönmüştü. Kalbi hızlı hızlı her çarpışında, "Bu senin suçun, bunu sen yaptın, yeterince dikkat etmedin!" diye tekrarlıyordu. Ve haklıydı.

Eğer Sascha'ya bir şey olursa, bu suç onun üstünde kalacaktı, *sonsuza dek* . . .

Düşüncelerinin arasında anne babasının ne diyeceği yoktu, hemen o anda bunu düşünmemişti yani . . .

Ama onu *asla* affetmezlerdi.

Ve böylece o ilk çılgınlık anından sonra, Hester'ı geri aramış, telefon onu doğruca sesli mesaja yönlendiririrken, öylece dinlemişti. Sonra kendini yatağına bırakıp, oturur vaziyette halıya bakakalmıştı.

Düşünmüştü ki, eğer halıya biraz daha iyi bakakalırsa, bunun bir hata olduğuna ikna edebilirdi dünyayı belki de . . . Sascha'nın *kaybolmadığına* . . . Bir dakika içinde gidip, pencereden bakınca kız kardeşini çimenlerde oturmuş, Bay Timsah'ı sallarken göreceğine . . .

Kafasının içinde bir uğultu vardı.

Ama kalbi, "Bu işe yaramaz. O gitti. Ve herkes seni suçlayacak," diye fısıldamıştı.

Nefes almamaya, duymamaya çalışmıştı.

Missus bu acıyı içinden silememişti.

Ve sonra, o çocuk koşarak gelip kapıya güm güm diye vurduğunda, bir rahatlama dalgası hissetmişti. Öfke ve rahatlama...

Bu başka birisinin hatasıydı.

Öfke katıksız ve keskindi. Kendine bir hedef bulmuştu.

Kendi suçluluğunu bir kenara kaldırıp, onun yerine başkasını suçlamayı koydu.

Bu *Tommo*, bu *Hector*.

Kıymetli bir şeyi alıp ezmişlerdi onu, mahvetmişlerdi, kırmışlardı, incitmişler, incitmişler, incitmişlerdi onu.

Sascha.

Zavallı, tuhaf ve güzel Sascha.

Onun hakkını geri alacağını biliyordu, intikamını alacağını...

Şiddet; kolay, bariz ve haklı bir cevaptı, ama dünyanın daha muhteşem fikirleri vardı.

Maria, kendini girift ormanların derinliklerinde, gölgelerin içinde ve sonra da cadının kulübesinde bulmuştu.

Missus'un anlaşması *bunu* unutmasına izin vermemişti.

Maria yukarı baktı ve Hector'un evinin önünde olduğunu fark etti.

Gece iyice bastırmış, o yürürken etrafını kuşatmıştı. Şimdi her yer kapkaranlıktı.

Nedenini tam olarak bilmese bile, ayaklarının onu buraya getirdiğini biliyordu.

Daha önce burada sadece bir kez bulunmuştu, diğer dünyada, daha önceki dünyada . . .

Yanağı hâlâ sızlıyordu, izi hafiflemiş olsa da, annesinin -bu yenisinin- kızına tokat atacak türden bir kadın olmadığını anlamış olsa da . . .

Kaybolmuştu, aynı gibi görünen bir dünyada bir yabancıydı artık.

Burada yalnızdı.

Hepsi Hector'un kendisini sildirmesi yüzünden olmuştu.

Öfke süzülüp gitmişti.

Evet, bu *Hector*'un suçuydu. Ona attığı o dayağı *hak etmişti* ama . . .

Ama burada sona ermeliydi her şey.

Onu uçurumun kenarına iten, öfkesini körükleyen, Missus ile Yaprak'ı *çağırmasına* yol açan *annesiydi*. Tam burada, Hector'un evinin önündeki kaldırımda olması onun suçuydu.

Annesinin suçuydu ama . . . ama annesi bunu yaptığını hatırlamıyordu.

Geriye suçlanacak kim kalmıştı?

Kapı zilini çaldı.

Bir adam baktı kapıya.

"Merhaba," dedi. "Buyurun?"

Koridordan ışık yansıyordu. Geç vakitteki bir akşam yemeğinin o sıcak kokusu. Uzaktan gelen müzik sesi.

"Bay Patel?" dedi Maria.

"Evet?"

"Özür dilerim," dedi Maria, ellerini açıp, avuç içlerini yukarı kaldırarak. "Bunun olmasını istememiştim . . . bu kadar ileri gitmeyi."

"Hmm?"

Bütün istediği her şeyin geri dönmesiydi; bu ağırlığın, bilmenin verdiği bu tek başına çekilen yükün, başka hiç kimsenin bilmediği bu sorumluluğun üstünden kaldırılmasıydı. Affedilmek istiyordu ama onlar kendisinin ne yaptığını bile bilmiyorlardı. Oysa o, her baktığı yerde bunu görüyordu. Her şeyin geri dönmesini istiyordu ya da her şeyi unutup, diğer herkes gibi kendisinin de bu dünyaya katılmasına izin verilmesini istiyordu.

Ve sonra o çocuğun ismini söyledi. Adam -farklı bir dünyada Hector'un babası olan bu adam- yüzünü neredeyse buruşturdu.

"Ah Tanrım," dedi. Kendisi kadar üzgün değildi ama hafif bir şaşkınlık içindeydi.

Ve sonra, koridora, ışığa doğru bir adım attı.

"Sanırım içeri girsen iyi olacak," dedi. "Tanışman gereken biri var."

Ön kapının ardında bir kadın ayakta durmuş, şömine rafındaki süs eşyalarını inceliyordu.

Maria'dan çok uzun değildi. Kırlaşmış saçları arkadan topuz şeklinde bağlanmıştı. Çok daha iyi günler gördüğü belli olan, eski püskü, siyah bir takım giyinmişti.

Tommo, yatağında yanlamasına uzanmış, açık kapıdan, odasının zeminine süzülen ışık huzmesine bakıyordu.

Aşağıdan, televizyonun yüksek sesi geliyordu.

Bazen, komşuların duvarı ya da kapıyı yumruklamamalarına şaşardı.

Kafasında her şeyi evirip çeviriyordu.

Yetişkinler, yaşlandıkça günlerin nasıl da hızla geçtiğini söylerlerdi. Çocukken yaşadıkları günlere kıyasla nasıl da uçup gittiğini . . . Bayan Short bazen böyle söylerdi ve gözlerinde özlem dolu bir bakışla bir an sessizce dalıp giderdi; yarı şaka, ama aynı zamanda bariz bir şekilde yarı gerçek . . .

Tommo zamanın hızlanmasını sabırsızlıkla bekliyordu. Günler çok uzun olabiliyordu ve bugün ona dünyanın en uzun günü gibi gelmişti.

Olan biten her şeyi hesaba katınca . . . Aslında kavga sayılamayacak o kavgayı, ormandaki o kaçışı, kulübede olanları, eve doğru o uzun yolculuğu, öğleden sonraki konuşmaları, Jayce'le Maria gittikten sonra yalnız başına geçirilen o boş saatleri . . .

Diğer dünyada, diğer *zaman çizgisinde*, başka birisi olduğunu bilmesi . . . Orada, Jayce'le değil de şu Hector'la dost olduğunu; Sascha birlikte gülmekten hoşlandığı küçük bir kız kardeş gibi olmasa da, kızın kolu kırıldığında, koşup yardım çağırdığını bilmesi... O dünyada, *İyi Bir Şey* yapmıştı.

Bu düşünce gülümsetti onu.

Şimdi olsa, yine aynı şeyi yapardı, elbette, ama öyle bir şansı hiç olmamıştı.

Maria'nın, hakkında söylediklerini bir kenara bırakıp şu Hector'un nasıl biri olduğunu merak etti.

Bu dejavunun ara sıra yaşattığı rüya hissinden çok daha fazlasını hatırlamayı diledi.

Hector bir zorba gibi geliyordu kulağa, gösteriş meraklısı biri gibi, bir baş belası gibi, ama Tommo, tüm hikâyenin bundan ibaret olmadığını biliyordu.

Dünyanın gördüğü ile içeride olan... (Kafanın içinde ya da kapının arkasında; her ikisi de insanların içerisini göremediği mahrem yerlerdi.) Bunların farklı şeyler olduğunu biliyordu. Ah, evet, bazen aynı olabilirlerdi ya da bazen çok benzer; ama bazen iki yüz, gösterdiğin *sen* ile aynada gördüğün *sen*, kar ile ateş kadar farklıydı.

Bir süre sonra Tommo uyuyakaldı, zihni bir dizi olasılıkla allak bullak olmuştu.

Tommo, geceleyin uyandı ve karanlıkta öylece uzandı.

Merdiven ışıkları kapalıydı.

Evdeki sessizlik, babasının belli aralıklarla gelen, kulak tırmalayıcı horultu sesiyle bozuluyordu.

Ama tam o sırada bir şey duydu.

Dışarıda.

Sokakta.

Yine sıcak bir gece olduğu için pencere aralıktı.

Perdelerin altından, serin bir hava geliyordu.

Hafifçe bir sürtünme sesi geldi, kumaşların birbirine sürtünmesi ya da bir kedinin bileğinize sürtünmesi gibi bir ses...

Kafasını perdelerin altına soktu.

Yıldızsız bir gökyüzüne asılmış dolunay vardı.

Aşağısındaki sokak kapkaranlıktı.

Sol taraftaki caddeyle birleştiği yer hariç.

Orada sarımsı bir ışık yayan bir sokak lambası vardı. Işık, dar bir üçgen şeklinde sokağın içine doğru ilerliyordu.

Aşağıda bir yerde, yeniden duydu o sesi.

Gölgeler, gölgelere sürtünüyordu.

Gece, kendi üzerinden kayıp geçiyordu.

Çok geçti.

Sokağın ağzının ötesine, caddeye bakarken sokak lambası söndü.

Karanlık her şeyi yuttu. Ama sonra yavaş yavaş, bulanık bir griliğe bıraktı yerini.

Yolun karşısında park edilmiş bir araba, sokak lambasının metal direği, kaldırım taşının alçak kenarı, bir insanın silüeti...

Gözlerini kırpıştırdı. Kimse yoktu orada.

Göğsünde bir kuş çırpındı.

Hiç kimse yoktu orada, ötedeki köşede, gözlerden uzakta sinsi sinsi yürüyen, uzun bir köpeğin gölgesinden başka . . .

Ve sonra bir çıtırtı, bir cızırtı, bir tıngırtı ve sokak lambası yeniden yaşama göz kırptı.

O Yaprak'tı, öyle değil mi?

Gece gibi griydi. Korkuyla irkildi Tommo.

Onu çağırmasını bekliyordu.

Perdelerin arasından kafasını çekmeden önce bir an, onun, odada, arkasında olduğunu düşündü; kımıldayamadı.

Tommo, örtülerinin altındaydı şimdi, karanlıkta duvara dönmüş, iyice büzüşerek yatıyordu.

Sessizlik. (*Horultu.*)

Sadece sessizlik. (*Horultu.*)

Ve horultular arasındaki sessizlikte, *önceki* Tommo olduğunu hatırladı ya da hayal etti ya da hayal ettiğini hatırladı ya da hatırladığını hayal etti. Jayce'le değil de Hextor'la . . . hayır, *Hector*'la arkadaş olan Tommo'yu . . .

Maria'nın söyledikleri ona sanki bir filmin kamera arkası görüntülerinin fragmanını izlemiş gibi hissettirdi, özel efektler eklenmeden önceki sahnelere şöyle bir bakış atmış gibi . . . Ama bu sadece bir bakıştı, fazlası değil.

Şimdiki şeylerin geçmişte ille de öyle olması *gerekmediği* gösterilmişti ona.

Jayce'in öteki yerde neler yaptığını, kiminle arkadaş olduğunu merak etti. Maria sadece farklı sınıflarda olduklarını ve birbirlerini tanımadıklarını söylemişti.

Ve bu onu, Jayce'i, en iyi arkadaşını düşünmeye itti. Ebedi dostunu... Ve bir şekilde, onu nasıl da hiç tanımadığını...

"*Şu anda Jayce de beni düşünüyor mudur?*" sorusu Tommo'nun asla cevabını bilemeyeceği bir soruydu. Ve bu onun duygusallığından, ilgi görmek istemesinden ya da arkadaşının onu önemsediğini bilmek istemesinden değildi. Bunun evrenle, dünyayla ilgili temel bir sorun olduğunu düşünüyordu; aynı odada otursanız bile, bir başkasının düşüncelerinde olup olmadığınızı asla bilememek.

(Eğer kimse sizi düşünmüyorsa, kimse sizi hatırlamıyorsa ne kadar gerçek *olabilirsiniz ki*?)

Bunu söylemeye, bu soruların onun kafasını nasıl karıştırdığını, onu nasıl düğümlediğini açıklamaya çalışmıştı ama hiç kimse aynı sıkıntıyı hissediyor gibi görünmüyordu ya da sadece anlamıyorlardı.

(Arkadaşların varken yine de büsbütün yalnız olmak son derece mümkündü.)

Ve böylece Tommo karanlıkta uzanıp, düşüncelere daldı.

Bunlar, onu gece boyunca uyanık tutan düşüncelerdendi. (Bunlar, Tommo'yu, o gün babasını ne kadar üzdüğünü düşünmekten alıkoyan düşüncelerdi. Ya da annesinin nerede olabileceğini ya da şu anda ne yapıyor olduğunu ya da onun da kendisini düşünüp düşünmediğini... ya da... Ah! Ne anlamı vardı ki?)

Zihnin ve bedenin minik gizemlerine odaklanmak zihnini oyalayan bir şeydi. (Tırnaklarının uzadığını biliyordu mesela ama bunu ancak tırnakları çok uzayıp, bir şeylere takıldığında fark ediyordu, asla o arada değil. Böylece aradaki o zamanı fark etmeye çalışmış, *büyümenin* nasıl bir his olduğunu düşünmüştü. Bunun *yavaş yavaş* olduğunu biliyordu elbette, peki ya kendisini yavaşlatsaydı, böylece dışarıdaki bir gün içeride geçirilen bir dakika gibi olsaydı... O zaman tırnaklarının büyüdüğünü hisseder miydi?)

(Tommo "felsefe" sözcüğünü bilmiyordu ama karanlıkta, yatağındayken, o, yani felsefe onu tanıyordu.)

Jayce karanlıkta uyandı.

Caddede bir yerlerde bir araba kapısı kapandı. Fısıltıyla konuşan sesler vardı ve sonra Maria'nın neredeyse sessizce çiti tırmanıp oradan garaj çatısına sürünme sesi duyuldu.

"Eh, ben de nerede bu kız diye merak ediyordum," diye düşündü.

Ama sonra bu düşüncenin onu endişelendirmesine vakit kalmadan tekrar uykuya daldı. Çizgi romanlarıyla, filmlerin, ormanların birbirine girdiği maceralar gördü düşünde. Hepsi rahatlatıcı ve eğlenceliydi. Daha sonra ortalık hâlâ karanlıkken yeniden uyandığında, düşlerinin hiçbirini hatırlamıyordu ama düşlerinde gülümsediğini hatırlıyordu.

Ve orada bir müddet daha, Sascha'nın nefeslerini dinleyerek uzandı. Bu kadar küçük bir kız için ne kadar yüksek sesle nefes alıp veriyordu ve her şey mükemmeldi. Bunu kimseye söyleyip dillendirmeyecekti elbette. Ve bir kahramana dönüştüğü düşlere dalmadan önce yeniden gülümsedi.

PERŞEMBE

Tommo buzdolabını açıp içine baktı.

Kapakta bir süt şişesi vardı ama içinde süt yoktu.

Zaten buzdolabının içinde de pek bir şey yoktu.

Ev sessizdi.

Babası henüz kalkmamıştı ve babasının kalkmadığı günlerde, parmak uçlarında yürünürdü.

Ekmek kutusunda sadece bir parça ekmek kabuğu vardı ve Tommo'nun midesi guruldüyordu.

Bir sıcak çikolatayla bir dilim tost istemek çok fazla sayılmazdı, öyle değil mi?

Yüzünde, morlukların ve çiziklerin gerildiği yerler kaskatıydı, yanıyordu. Ve kaburga kemikleri ağrıyordu.

Uyanır uyanmaz, önceki günün bir rüya olup olmadığını düşündü ama hissettiği acı, o günün bir rüya olmadığını göstermişti. Hepsi yaşanmıştı, *bütün hepsi . . .*

Cüzdanındaki parayı sayarken, dün gece zihninde dönüp duran düşünceleri gözden geçirdi. Bütün ihtimalleri . . . Başka dünyalardaki başka Tommoları, başka Marialaları, başka Saschaları . . . Onların ne yaptıklarını, ne düşündüklerini, buzdolaplarının ne kadar boş olabileceğini asla bilemeyeceğini . . . Daha önceki dünyada yaşayan Tommo kahvaltıda ne yerdi? Mutfakta onu kim bekliyor olurdu?

Bayılacak gibi oldu, sadece yarım yamalak anlayabildiği düşüncelerden dolayı başı dönüyordu.

Arka kapıdan dışarı çıkarken, elinden geldiğince yavaşça kapatmıştı kapıyı.

Sıcak bir gün olmasına rağmen, kapüşonunu kafasına çekti.

Tommo, birkaç sokak ötedeki markete gidene kadar olasılıklar topunu zihninde öyle çok çevirmişti ki artık ne düşüneceğini bilemiyordu.

Maria dünyayı değiştirdiğini söylemişti. Bu diğer çocuk, şu, ah . . . Hector! (şimdi bile hatırlanması zor bir isimdi, ona yoğunlaşmadığı zamanlarda aklından çıkıp gidiyordu) "çıkarıldıktan" sonra değişen her şeyi tarif etmişti. Dünya boşlukları doldurmak için bir orada bir burada küçük değişiklikler -asla tahmin edemeyeceğiniz değişiklikler- yaparak su gibi akmıştı.

Hayatına baktı ve iki şeyi merak etti. Maria'nın harekete geçirdiği değişimlerden önce hayatı nasıldı? (Diğer Tommo'yu tanımadığı için Maria bu konuda ona yardımcı olamazdı.) Ve bir şeyler yeniden değişirse, hayatı nasıl olurdu?

Cebinde bir meşe palamudu, yani, Maria'yı ortadan kaldırıp, dünyayı yeni bir yörüngeye sokabilecek bir tetikleyici vardı. Maria'nın doğmamış oluşundan bugüne, son on dört yıl bambaşka olacaktı. Ama bu Tommo için ne anlama gelecekti? Onun Jayce'le olan arkadaşlığına ne olacaktı? Ve anne ve babası için ne anlama gelecekti?

Bilmiyordu elbette. Bilemezdi. Tahmin bile edemezdi.

Otomatik kapılar geçmesi için aralandığında, marketin serinliğine adım attı. Ve bir şişe süt almak için soğutucu dolaba doğru yürüdü.

Parmakları tam dolabın kulpunu tutacakken, bir ses ismiyle seslendi.

Sascha, keçeli bir kalemi uzatıp alçılı kolunu kaldırdı ve "İlk sen ol, Tommo," dedi.

Arkasında duran Bayan Peake, bir sepet tutuyordu ve kızın koştuğu kişinin kim olduğunu görmeden önce, Sascha'yı azarlayacak gibi görünüyordu.

"Thomas!" dedi.

"Merhaba, Bayan Peake," dedi Tommo, gözlerini kaçırarak.

Tommo, Sascha'yla birlikte diz çöktü ve kalemin kapağını açtı.

"Bak, bu klasik beyaz," dedi. "Senin için sakladım onu çünkü kolumu senin yüzünden kırdım. Tabii ki ilk sana yazdırmak doğru ve uygun olacak. Öyle değil mi?"

"Sana rastladığıma sevindim," dedi Bayan Peake. "Dün hastaneden geldiğimizden beri bunu söyleyip duruyor. Beni deli ediyor. Daha doğrusu çileden çıkartıyor diyebilirim . . ."

Elini uzatıp, Tommo'nun kapüşonunu indirdi.

"Sen iyi misin?" dedi. "Jason kayıp düştüğünü söyledi."

Kadın, morlukları, çizikleri inceledi.

"Çok fena," dedi.

"Sorun yok," dedi Tommo, keçeli kalemi parmaklarının arasında çevirerek.

"Baban seni doktara götürdü mü? Bir kemiğini falan çatlatmış olabilirsin. Kafanı çarptıysan, beyin sarsıntısı geçirmiş olabilirsin . . . Jason senin uzaklara dalıp dalıp gittiğini söylüyor?"

"Hayır," dedi Tommo. "Ben iyiyim. Onu bıraktığım için özür dilerim, ama eve gitmek zorundaydım. Onun, Jayce'in yanında iyi olacağını biliyordum."

Mırıldanarak konuşuyor, dili sürçüyordu.

Başı dönüyordu.

"Hadi," dedi Sascha, kaburgalarına vurarak.

"Peki, ne yazayım?" dedi Tommo.

Bayan Peake doğrulup, "Hemen şuradayım ben," dedi, peynirleri göstererek. "İyi olduğuna sevindim, Thomas."

Tommo, kadının bu kadar meraksız oluşuna derin bir oh çekti.

Sascha'nın kolunu kaldırıp, şöyle yazdı: "*Umarım Kolun Yakında İyileşir. Sevgiler, Tommo. Öptüm.*"

Evin biraz ilerisindeki sokağın başında siyah bir araba park edilmişti. Tommo, arabanın yanından geçerken kapı açıldı ve bir kadın indi.

Tommo'nun omzuna bir elini koyarak onu durdurdu ve "Sen Thomas Roberts mısın?" diye sordu.

Tommo, yana doğru çekilip, omzunu silkeleyerek kadının elini itti. Ama sonra tanıdı onu. Önceki gün ormandaki tuhaf davranan kadındı, Jayce'e kartvizitini veren kadın . . .

"Ben Ajan Jofolofski," dedi. "Seninle konuşmam gerek. Önemli."

Kadın ciddiydi.

Ve polisti.

Ve o gün ormandaydı.

"Peki," dedi. "Ama çabuk, tamam mı?"

Kadın, Tommo'yu arabanın içinde oturmaya davet etti ama Tommo bunu reddetti. (Polis olabilirdi evet ama yine de yabancıların arabasına binilmezdi, salak değildi.) Böylece birlikte kaldırımda durdular.

"Maria Peake'le konuştum," dedi kadın. Bir çantadan eski moda bir klasör çıkarıp, arabanın kaputunun üzerine koydu. "Bana konu hakkında bazı detaylar anlattı."

"Maria mı?"

"Evet, tanıdığım bir adamın evine çıkageldi. Şey, ben adamın kızını tanıyorum, kız bir uğrayıp, babasıyla konuşmamı istemişti. Adam açıklayamadığı garip şeyler hatırlıyormuş, kız da öyle. Kız dün, *küçük bir oğlan kardeşi* olduğuna inanarak uyanmış, hatta ismini de hatırlıyormuş, ama bir arkadaşa ondan bahsettiğinde 'Kim?' demiş oradaki herkes."

Kadın dosyanın sayfaları arasında göz gezdiriyordu.

"Kızı dört beş yıldır tanıyorum," diye devam etti kadın, "ve bu süre zarfında hiç erkek kardeşi yoktu. Ama tam o sabah, cihazlarımızın bazılarında garip yazılar gördük. Gece boyunca, Unauthorised Temporal Reweave[5] kanıtları ve Undercurrent[6] içinde bazı garip dalgalanmalar vardı."

5 İzinsiz Zamansal Yeniden Düzenleme (ç.n.)
6 Dip Akıntı (ç.n.)

Tommo kulağa yabancı gelen bu kelimelere dikkat kesildi.

"Temporal" kelimesinin zamanla ilgili bir şey olduğunu biliyordu, "temporary" ya da "tempo" gibi bir şey . . . Peki ya "Reweave?" "Weave" kelimesinin anlamını biliyordu –örmek gibi bir şeydi– öyleyse "reweave" yeniden örmek ya da yeniden yapmak gibi bir şey olmalıydı . . .

Zaman yeniden yapılandırılmıştı. Bunu zaten biliyordu, tabii ya.

Ve "Unauthorised" gayet kolaydı. Öğretmenler odasının kapısında yazılıydı.

Bu kadın, Ajan Jofolofski, Missus ile Yaprak'ın yaptığı şeyi tespit eden bir cihazı olduğunu söylüyordu.

"Undercurrent?" diye sordu Tommo. "Bu nedir?"

"Bu, bizim gerçeklik seviyemizin altında yer alan, içinde yaşadığımız dünyanın üzerine oturduğu ana katmana verdiğimiz isim. Buradaki bazı aksaklıkları tespit etme yöntemlerimiz var. Bu aksaklıklar zaman zaman olur," dedi kadın. "Bu yazıları elde ederiz, bir gölette, su yüzeyinin dalga dalga yayılması gibi . . . Sanki gerçekliğin içine bir taş atılmış ya da çıkarılmış da su o boşluğu doldurmaya çalışır gibi . . . Ama normalde değişen şey hakkında hiçbir fikrimiz olmaz. İnsanların "dejavu"ları, yanlış yerleşmiş anıları ya da karışmış kimlikleri olur, ama biz genellikle bunları saptayamayız. Bu sefer Bayan Peake bazı gerçekleri yerine oturtmamız için bize yardım edebildi. Yıllardır hiç bu kadar şanslı olmamıştık."

"Siz kimsiniz?" dedi. "Gerçekten polis falan mısınız?"

"Dedim ya, ben Özel Ajan Mimi Jofolofski ve Varlık Ötesi İşler Departmanı'nda çalışıyorum." Bunu söylerken gülümsedi. "Sıra dışı şeylerle ilgileniyoruz."

"Tamam," dedi Tommo.

"Bayan Peake bana senin ismini verdi. Seni nerede bulabileceğimi söyledi. Ama sana bahsettiğim adam, hani şu tanıdığım kızın babası olan adam, o da senden bahsetti." Kadın, Tommo'yu tepeden tırnağa süzdü. "Onun tarifinde bu morluklar yoktu ama gerisi gayet doğru."

Tommo, kadının kimden bahsettiğini anladı.

"Onun kapısını çalmıştım . . . dün sabah."

"Ve arkadaşını sormuşsun. Şu 'Hector'."

"Evet."

"Önceki zamanın yansımasına yakalanmışsın."

Tommo onaylarcasına başını salladı.

"Maria, onun benim arkadaşım olduğunu söyledi. Benim Jayce'le . . . abisiyle değil de onunla çok yakın arkadaş olduğumuzu söyledi ama . . ." Hikâye ağzından bir anda dökülmeye başlamıştı.

Özel Ajan Jofolofski bir yetişkindi ve Tommo'yla sanki o da bir yetişkinmiş gibi konuşuyordu. Onu ciddiye alıyordu ve bu Tommo'yu tuhaf ve güçlü hissettirmişti. Ona, bir çocuk gibi, matematik testi çözmeleri gerekirken Megan Greenberg'e silgi parçaları fırlatan uçarı bir çocuk gibi davranmıyordu. Ve Tommo, kendisinin aslında o uçarı çocuk olduğunu biliyordu ama aynı zamanda, gizli bir ajanla, bir yetişkin gibi gerçekten tuhaf şeyler hakkında konuşan bu kişi de kendisiydi.

"Ve ben düşünmekten kendimi alamıyorum . . . acaba nasıl olurdu . . . yani şey, önceki . . ." dedi. "Ve başka neler farklı olabilirdi ve bu kaç kere oldu ve . . ."

"Yavaşla," dedi kadın hafif gülümseyerek. "'Acabalar' ilginçtir ama benim görevim onlara karşı, sırf canı istedi diye bir çırpıda geçmişimizi değiştirebilecek olanlara karşı bu ülkeyi korumak. Ve Bayan Peake senin bizi kurtarabileceğini söyledi."

"Sizi mi kurtaracağım?"

"Bizi kurtaracaksın."

"Nasıl?"

"Maria onun gittiği yere senin de gittiğini söyledi, ona yapılan anlaşmanın aynısı sana da teklif edilmiş. Ama öyle tahmin ediyorum ki sen henüz bunu *tamamlamadın*."

Tommo, sütü kaldırıma koyup, meşe palamudunu dikkatlice cebinden çıkardı.

"Ah, Tanrım!" dedi kadın. "Hakkında yazılanları okumuştum ama hiç böyle canlısını görmemiştim."

Cebinden bir cep telefonu çıkardı, telefonu palamudun üstüne tutup, *mmm - mmm* sesleri çıkararak ekrana dokundu.

Ekranda bazı şekiller ve dalgalar görünmeye başladı.

"Kesinlikle *başka bir yerden* geliyor," dedi. "İnanılmaz."

Telefonunu bir kenara koyup, Tommo'nun gözlerinin içine baktı.

Meşe palamudu Tommo'nun parmaklarının arasındaydı.

"Dünyayı kurtarmak ister misin, Tommo?"

"Immm, isterim galiba."

"İyi," dedi kadın. "Şimdi benim için şunlara bir bak."

Arabanın kaputunda duran dosyayı işaret etti.

Şeffaf plastik dosyalarda, üst üste yerleştirilmiş resimler vardı.

Kadın dosyaların arasında yavaşça göz gezdirdi.

Hepsi de açıklıktaki kulübenin fotoğraflarıydı.

"Yakından bak!" dedi kadın.

Bazı fotoğraflar bulanıktı, bazısı eski bir kitaptan alınmış gibi tahta baskıydı, kimisi detaylı çizimlerdi ve içlerinden en az bir tanesi, buzdolabının üstüne yapıştırabileceğiniz küçük bir çocuğun çizimi gibiydi.

Hiçbirisi onun gördüğü kulübe değildi. Bundan emindi.

"Kalite genelde çok iyi değil," dedi Ajan Jofolofski. "Son yıllarda, insanlar kameralı telefonlar taşımaya başladıklarından beri sadece bir tane karşılaşma olmuş."

İyice net olan renkli bir fotoğrafa yöneldi.

Bu kulübenin, soluk, alçı duvarları vardı ve her yerine güneş ışığı vurmuştu. Kapı çerçevesinde kafatasları vardı.

"Bu değildi," dedi Tommo.

Kadın bir sonraki resme geçti.

Siyah beyaz bir resimdi. Gerçekten iyi bir mürekkep çizimiydi ya da belki de oyma işiydi ve tamamen doğruydu. Gökyüzündeki bulutlardan yağmur çiselemeye başlıyordu, kuyu olması gereken yerdeydi ve pencereler tıpkı hatırladığı gibiydi. Görüntünün hemen ucunda Yaprak'ın saklanan gölgesi vardı.

Ürperdi.

"Bu o!" dedi.

Kadın kafasını salladı. Plastik poşetten fotoğrafı çıkardı.

"Güzel, Bayan Peake de böyle söylemişti. Hepimiz aynı sayfada hemfikir miyiz diye kontrol etmem gerekiyordu, anlıyor musun? Aynı düşmanı kastettiğimizden emin olmak için."

Durdu, fotoğrafa dikkatlice, iyice baktı, sanki içine girmek istiyormuş gibi.

"Bu bir Vengeance[7] Elementi Thomas," dedi kadın. "En son bir ya da iki yüz yıl önce bildirilmişti, kuzeyde bir ormanda. Çok fena bir şey."

"Nedir bu şey . . . ?" doğru kelimeyi bulmaya çalıştı. "Revengence Elementi?" diye sordu.

Ajan Jofolofski, fotoğrafı dosyanın içine koyduktan sonra, dosyayı arabaya koyarken konuştu.

"Parazitin ne olduğunu biliyorsun, değil mi?"

Tommo kafasını salladı.

"Sanırım biliyorum."

"Bir parazit, başka bir varlığın içinde ya da üstünde yaşayan bir canlıdır ve yaşamak için ihtiyacı olan şeyleri *onlardan* alır. Bacağındaki kanı emen bir sülük gibi ya da kolundaki kanı

---

7 İngilizce öç, intikam.

emen bir kene gibi, ya da epifiz bezinden rüyalarını emen rüya yiyici oneirovore gibi . . . İşte burada da aynı işlevi gören Elemental Pocket Dimension[8] dediğimiz EPD var."

"Kulübe?" dedi Tommo.

"Kulübe, o kadın, köpek; hepsi tek bir canlı. Onları, o varlığın elleri, ağzı, gözleri gibi düşün . . . EPD'ler bir bütündür. Ağındaki bir örümcek gibi . . . Eğer ağ örümceğin bir parçasıysa -ki bir bakıma öyle- o zaman o ağ genişletilmiş bir duyu organıdır."

"Örümcek" ve "ağ" sözcükleri üzerine, Tommo'nun zihninde bir şey uyandı, daha önce gördüğü bir şeyin anısı . . . Ama kadın konuşmaya devam ediyordu, düşünce zihninden kayıp giderken ona tutunma fırsatı bulamadı.

"O kadına" diyordu Ajan Jofolofski, "Bayan Peake, ona *Nemesis* mi diyordu?"

"Sadece Missus," dedi Tommo.

"Şu Missus denen kadın," diye devam etti, "seninle konuşan parça, ağız gibi. Ve köpek, seni ısıran parça . . . O da ağız gibi, sanırım . . . Hmm. Ve kulübe . . . Şey, onu da mide olarak düşünelim, aldıkları kişinin, dünyadan kopardıkları ruhun . . . sindirildiği yer."

"Hector?"

"Bu durumda, evet o. Bayan Peake'e göre. Ama EPD'nin gerçekten nasıl göründüğü tam olarak bundan ibaret değil, sadece biz küçük insanlara böyle görünüyor. Aslında çok daha yabancı, dünyamızın *dışında* var olan bir şeyi beynimiz böyle

8 Elemental Cep Boyutu (ç.n.)

yorumluyor. Ben onları sülük gibi düşünüyorum. Görünmez bir şekilde bir şeyin üstüne yapışıyor, vücudu küçücük bir kese gibi gerçekliğin dışında sallanıp duruyor."

Tommo yutkundu. Orada bulunmuştu, bu *şeyin* midesinde. Ve Ajan Jofolofski'nin dünyayı kurtarma hakkında az önce söylediği sözlerin kulaklarında çınlayıp durmasına engel olamıyordu. Bu konu hakkında kötü hissediyordu.

"EPD'nin her beslenişinde, dünyamız değişir. Evren esnektir," dedi. "Bir değişimin olduğunu saptayabiliriz ama bir şey çıkarıldı mı yoksa eklendi mi, bunu genellikle bilemeyiz. Dediğim gibi, bu sefer farklı. Bayan Peake bize Hector Patel'den bahsetti." Doğru ismi söylediğini bir kez daha kontrol eder gibi bir an durdu. "EPD'nin her beslenişinde, bütün bir zaman çizgisi silinir, çıkarılır ve yeniden yazılır. Biz departmanda, bu tarz bir müdahaleyi durdurmak için yemin ettik. Ancak bunu durdurmak için gitmemiz gereken yere gidemiyoruz."

Tommo'nun içinde üç ani düşünce çarpıştı. Birincisi şuydu: *Neden her değişiklik kötü olsun ki? Ya yeniden yazılan, silinenden daha iyiyse?*

İkincisi: *Bir şeyler gerçeklikten çıkarılabilir ve gerçekliğe eklenebilir.*

Ve üçüncüsü: *Beni kulübeye geri göndermesi gerekiyor.*

"Seni kulübeye geri göndermem gerekiyor," dedi Ajan Jofolofski sessizce.

Bir elini Tommo'nun omzuna koydu.

"Peki," dedi Tommo. Ve hemen sonra, bunu neden bu kadar çabuk kabul ettiğini merak etti.

Kadın arabadan bir şey çıkardı. Küçük bir metal disketti bu. Onu Tommo'ya uzattı.

"EPD'yi bizim gerçekliğimizden çıkarmamız gerekiyor. Onu kancasından indirmemiz lazım. Ama bunu yapmanın tek yolu diğer taraftan, *içinden* geçiyor. Ve ben oraya giremem. Bir davete ihtiyaç var. Bayan Peake kendisine teklif edilen sözleşmeyi yerine getirdiğine göre, kendisininkini tüketti."

"Ama ben daha yapmadım."

Kadın kafasını salladı.

"Ormandaki o yolu yeniden bulman gerekiyor. Senin yeniden konuşmak istediğini gösterecek bu, pazarlık etmek istediğini ya da daha fazlasını istediğini . . . Öyle umuyorum. Kapıya kadar yürümelisin."

"Peki ya sonra?"

"Düğmeye bas." Ve Tommo'ya, diskin üzerinde, kayan bir kapağın altına gizlenmiş küçük bir düğme gösterdi. "Diski kulübenin yanına koy ve çık oradan. Beş dakikalık bir gecikme süresi var. Bundan daha fazla bekleme, yoksa . . ."

Tommo, cihazı cebine koymadan önce durup baktı.

"Patladığında, bizim gerçekliklerimizi birbirinden ayırıp, bu sülüğü, bu EPD'yi göremeyeceğimiz bir yöne gönderecek . . . *Uzaklara.* En sonunda bizim gerçekliklerimiz başka bir yerde, yeniden birleşecek. Bu dünyada ya da başka bir dünyada, gelecekte bir yerde elbette. Ama sen şu an için bizim dünyamızı kurtarabilirsin Thomas," dedi.

"Şu an için mi?"

"*Şu an için*, yapabileceğimiz en iyi şey. Köşe bucakta her zaman başka bir tehdit vardır ama biz bununla yüzleşip mücadele ederiz ve sonra diğeri çıkar . . . İnsan olmak böyle bir şey Thomas, insan olmak önündeki problemlerle mücadele etmektir."

Tommo kafasını salladı.

Kafasının içinde her türden düşünce vardı. Birbirini kovalayan. Birbirine çelme takan.

Oturup, onları düzene sokmak, onlara doğru düzgün bakmak için zamana ihtiyacı vardı ama nedendir bilinmez, Missus'a ve kulübeye geri dönme ihtimalinden korkmuyordu. Aslında oraya yeniden gitmeyi istiyordu, bunu zaten uzun süredir düşünüyordu çünkü ona sormak istediği sorular vardı.

Ama ne olursa olsun, sadece bir çocuktu o ve kendi planını uygulayarak Missus'a tek başına gitme cesaretini kendisinde asla toplayamayabileceğini biliyordu. Her şeyden çok fazla şüphe edecek, her dönemeçte atacağı adımlardan tereddüt edecek, her kararı, iş işten geçtikten sonra yeniden sorgulayacaktı . . . Ama Özel Ajan Jofolofski'nin onunla konuşma tarzı, ona çocuk değil de normal bir insanmış gibi davranması . . . nasıl denir? Şaşırtıcı? Memnun edici? Yüreklendirici?

Hepsi.

"Sizi hayal kırıklığına uğratmayacağım," dedi.

Kadın ona baktı. Gözünü kırpmadı.

Kafasını salladı.

Belki de hafifçe gülümsedi.

Tommo kızardı, beti benzi attı, sırtını dönüp kaldırım taşına tekme attı.

"Peki ya Maria?" diye sordu, uzun bir müddet sonra.

"Bayan Peake?"

"Evet. O . . . onun başı belada mı?"

Özel Ajan Jofolofski, şakaklarını kaşıyıp iç çekti.

"Başı belada mı?" diye sordu kendisi de birkaç dakika sonra. "O sadece bir bireyi değil, onunla ilişkili bütün zaman çizgisini silmek için Yasadışı Doğaüstü Kuruluşlarla işbirliği yaptı. Sayılamayacak kadar çok olası geleceği mahvetti Thomas . . . Bilinmeyen sayısız ihtimal, bu EPD işini yapmayı kabul ettiği an yok oldu. Şu Hector'un ne olabileceğini, neyi etkileyebileceğini, keşfedeceğini ya da nelere ilham verebileceğini kim bilebilirdi ki?"

"Zavallı Maria," diye fısıldadı Tommo.

"Tabii ki," diye devam etti Ajan Jofolofski, "bunun tek kanıtı Maria'nın hatıralarında. Bizim dünyamız Hector'u hiç tanımadı, onunla ilgili hiçbir kayıt yok ve onu özlemiyor. Ve sonuç olarak, bir suç işlendiğine dair hiçbir kanıt yok. Sadece tarayıcıda birkaç dalgalanma ve birkaç tuhaf anı... Bu nedenle onu tutuklamak için hiçbir sebebim yok. Ayrıca, onunla konuştuktan sonra, benim verebileceğim herhangi bir cezanın, onun yaşamak zorunda olduklarının yanında çerez gibi kalacağını düşünüyorum."

"Yapabileceğin hiçbir şey yok mu? Ona yardım etmek için yani."

"Ah, gözümü üstünden ayırmam, ama..."

Kadın konuşmayı bıraktı, cümlesini orada öylece asılı bırakmıştı. Ve birden Tommo zamanın hızla üstüne doğru aktığını hissetti.

Ne kadar zamandır konuşuyorlardı?

Gitmesi gerekiyordu.

Arka kapıyı açar açmaz, sessizlik çarptı yüzüne.

Babası, hiçbir şeye bakmadan, mutfak masasında oturuyordu.

Tommo süt şişesini kaldırıp, "Süt aldım," dedi.

Babası bir şey söylemedi.

"Ve ekmek," diye ekledi Tommo, diğer elinden somun ekmeği sarkıtarak.

Uzun bir müddet sonra, ekmeği masaya koyup buzdolabını açmak üzere döndü.

"Nereye gittiğini bana söylemeden dışarı çıkmamalısın."

"Özür dilerim."

Yeniden bir sessizlik oldu.

Tommo, buzdolabının küçük ışığına bakakaldı ayakta öylece. Soğuk hava yüzüne vuruyor, salata çekmecesinde epeyce uzun kalmış bir şeyin kokusu burnuna çarpıyordu.

Kısa bir süre sonra, babası odasına geldi. Kapıya yaslanıp, dışarı çıkacağını söyledi.

"Bir köpek hakkında bir adamla görüşmem gerek," dedi.

"Sen burada kalmalısın," dedi.

"Bir daha orada burada dolaşma," dedi "ve kapıya cevap verme, kim olursa olsun."

Tommo yatağında doğruldu, sırtını duvara yasladı.

Konsoluyla bir süredir oyun oynuyor ama konsantre olmakta zorluk çekiyordu.

"Ölmesine" neden olan şey babasının oyunu bölmesi değildi.

"Peki," dedi.

"Aferin."

Ve böylece gün akıp gitti, yavaş yavaş, sessizce ve hiç bitmeyecekmiş gibi . . .

Özel ajanla yaptığı görüşme . . . (Özel bir ajanla görüşmüştü!) Dünyayı kurtarmak hakkında . . . Kendisi . . . Zihninde dönüp duruyordu bunlar elbette. Nasıl dönüp durmasındı?

Gizlice dışarı çıkabilirdi şimdi, ormana gidip onun dediğini yapabilirdi.

Ama ya babası eve gelir de, gittiğini anlarsa, bir kez daha . . .

Kulübeye gitmekten çok olacaklardan korkuyordu. (Ah, Missus'dan korkuyordu, özellikle de artık onun kim olduğunu öğrendikten sonra, ama o bir kâbustan ya da hikâye kitabından çıkmış gibi bir şeydi, babasıysa gerçekti.)

Bu nedenle evde kalmıştı.

Öğle vakti bir tost yedi.

Meşe palamudunu elinde tuttu.

Bu küçük şey dünyayı değiştirebilirdi.

Kurtarması gereken dünyayı . . .

Babasını değiştirebilir miydi?

Annesini değiştirebilir miydi? Bir şekilde onu bulabilir miydi? Bu dünyayı onun olduğu bir dünyaya dönüştürebilir miydi?

Böylesine küçük bir şey, bu mevsimi geçmiş meşe palamudu . . .

Bu gece, babası uykudayken gidecekti.

Elini üzerine kapadı ve sıkıca tuttu onu.

PERŞEMBE GECESİ

Uzun bir gün olmuştu.

Dünya hâlâ garipti, Maria her seferinde kendisini hayrete düşüren küçük farklılıklar bulmayı sürdürmüştü.

Bir şeylerin yeri değişmişti, renkleri farklıydı, bunun gibi şeyler...

Farklı arkadaşları olan sadece abisi değildi, Sascha'nın da arkadaşları farklıydı.

O öğleden sonra Sascha'nın bir dizi arkadaşı eve akın etmişti. Her biri alçıya alınmış koluna bakmak istiyor ve her biri Maria'dan isimlerini bilmesini bekliyordu. Çocukların ebeveynlerinin her biri onunla sanki daha önceden tanışıyormuş gibi konuşuyorlar, o da öyleymiş gibi davranmak zorunda kalıyordu.

Çok yorucuydu.

Öğrendiklerinden çıkardığına göre, kendi arkadaşları da yer değişmişti. Bazıları aynıydı, bazıları değil...

Hector'un çıkarılmasından sonra gelen değişiklik dalgaları tuhaf ve rastgele görünüyordu.

Okulda, sınıflarda, Hector'un tanıyıp bildiği insanlarda da bir şeyler değişmişti. Ve bu durum onların erkek ya da kız kardeşlerinin bilip tanıdığı kişileri de etkilemişti. Jay'in farklı arkadaşları olması, ailesinin farklı bir yörüngeye kaymış olduğu anlamına geliyordu. Böylece, artık onlar Tommo'nun ailesini tanıyorlar, ama Victor ile Wynn'in ailesini tanımıyorlardı. Jay onları hatırlamıyordu ve öyle görünüyordu ki onlar, dünyanın bu versiyonunda Jay'in okulunda bile değillerdi muhtemelen.

Bu durum, Maria'nın başını ağrıttı.

Kara bir bulut gibi çöktü üstüne.

Sorumluluk omuzlarını çökertti. Yüreği, bir balçık kıyısında can çekişen balık gibiydi.

Kapısını kapatıp, odasında oturdu.

Tatil için aldığı ödevi pazartesi günü teslim edeceği zaman, ödevinin öğretmenin istediği şey olup olmayacağını bile bilmiyordu.

Ve telefonundaki kişiler listesine bakmıştı tekrar tekrar, Hester'in adını arayarak . . .

O akşam geç saatlerde, bir araba evin yakınına geldi. Ve telefonu çaldı.

Özel Ajan Jofolofski'ydi arayan.

Maria penceresinden dışarı tırmandı, önceki gece yaptığı gibi . . .

"Tommo ormana gidiyor. Seni güvende tutmak için buradayım," dedi kadın.

"Güvende mi?"

Maria, kadının yanında, ön koltukta oturuyordu.

"Olur da bir şeyler . . . ters giderse diye."

İkisi de ön camdan dışarı bakıyorlardı.

"Beni silip atmaya karar verirse, demek istiyorsun galiba?"

Kadın dönüp, kızın yüzüne baktı.

"Bunu yapmayı istemez," dedi, "ama iş oraya varırsa, seni koruyabilirim."

Maria, kadının yüzüne bakmak için kafasını çevirmedi.

"Yine de bunu hak ederdim," dedi.

Özel Ajan Jofolofski tam bir şey söyleyecekti ki sustu.

İkisi dışarıdaki geceye gözlerini dikmiş bakarken, tepelerindeki sokak lambası, titreşip cızırtılar çıkardı ve söndü.

Arkalarında, karanlıkta kalan arka koltuktan, gölgeler yükseldi.

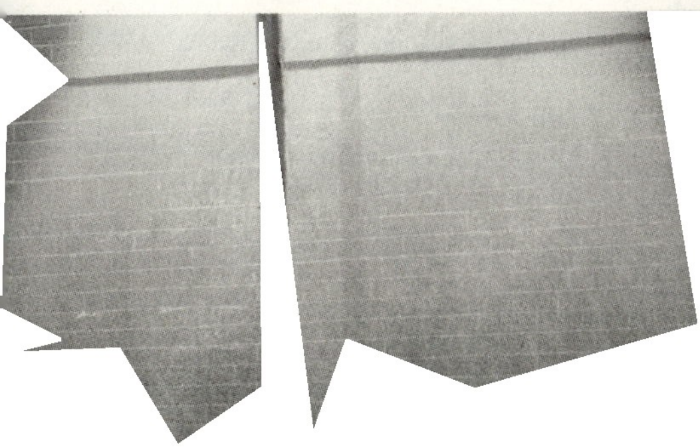

Gece yarısına çeyrek vardı. Tommo uyumamıştı.

Yatağa girmeden önce fazladan bir meyve suyu daha içmiş, saatlerdir çişini tutarak orada öylece uzanmıştı. Mesanesindeki baskıdan dolayı bir türlü uykuya dalamamıştı.

Babasını uyandırma ihtimaline karşı çalar saatinin ötmesini istememişti.

Yorganının altından kayarak indi, karanlığın içine doğru . . .

Odada yürürken, gölgeler bileklerine sürtünüyordu.

Belki de halıydı.

(Zaten giyinik durumdaydı. Yatağa girmeden önce giyinmişti.)

Parmak uçlarının üstünde, tırabzanlardan tutuna tutuna, gıcırdayan basamağı atlayarak merdivenlerden inip, koridora süzüldü.

Aşağı kattaki tuvaleti kullandı ama sifonu çekmedi.

Devam etti.

Ön odadan geçerken, mobilyaların gölgeleri karşıladı onu.

Yanlarından geçerken başlarıyla selam verdiler. Dışarıdaki lamba direğinden süzülen dar bir ışık huzmesi, perdelerin arasında bir hançerin ağzı gibi parlıyordu.

Mutfağa yöneldi.

Ayakkabılarını orada giyinip, arka kapıyı açmayı denedi.

Kilitliydi tabii ki.

Anahtar . . . Hayır, kilidin içinde yoktu.

Bu tuhaftı.

Anahtarı bulmak için griliğin içinden etrafa bakındı. Mutfak masasını, tezgâhı, elleriyle yokladı.

Yok, yok, yok . . . Ve sonra eliyle bir şişeye çarptı. Şişenin sallanıp devrildiğini, tezgâhta takırdadığını duydu . . . Yuvarlanırken çıkan sinir bozucu, şiddetli ses . . . Ve Tommo iyice telaşlandı, panik içinde ellerini sağa sola salladı ve tekrar çarptı şişeye . . . Şişe mutfak fayansına düşüp tuzla buz olmadan hemen önce . . .

Karanlık nefesini tuttu.

Gölgeler sessizliği dinlemek için kulaklarını dikti.

Yukarıda bir gıcırtı duyuldu.

Güm diye bir ses.

Sonra, odada uykulu bir şekilde hareket eden iri bir adamın sessizliği.

Homurtulu bir sesleniş.

Tommo acele etti.

Anahtar olması gereken hiçbir yerde yoktu ama gitmek zorundaydı, bu nedenle salondan koşarak geçip koridora çıktı.

Babası merdivenlerin tepesindeydi.

"Tommo? Sen misin?"

Kelimelerde homurdanma vardı ama aynı zamanda hafif bir uyku hali de vardı, sanki daha tam uyanamamışlar gibi, tıpkı az önce onları söylemiş olan adam gibi . . .

Tommo hiçbir şey söylemedi.

Bunu yapmak zorundaydı.

Ön kapıya ulaştı, kolu çevirip, kapıyı açtı.

Ve arkasından çarparak kapattı.

Bir an durunca, merdivenlerden aşağı patır patır inen ayak seslerinin yankısını duydu.

Sonra yana doğru sıvışıp, evin arkasına dolanıp kapıdan çıktı.

Bisikletini bahçe avlusundan çıkardı, yeniden kapıdan geçip, yolu tırmanırken bile pedal çeviriyordu.

Evin köşesinden geçerken, koyu bir silüet belirdi üstünde ve neredeyse çarpışıyorlardı.

Tommo sendeledi ama bisikleti yoluna devam etti, kaldırıma çıktı. Bu sırada babası, tökezleyerek sendeledi, ön kapının üstüne doğru devrildi, düşmemek için kapının kenarına tutundu.

Tommo pedalları çevirdi, park etmiş arabaların arasından yola fırladı ve gecenin karanlığına karıştı.

Arkasında sadece şaşkın, öfkeli bir haykırış vardı.

Patikanın sonunda, daha geniş bir yola saptı. Bu yol, Jayce'in mahallesine ve oradan ormana kadar yokuş aşağı iniyordu.

Orada durdu, tam köşeyi dönerken.

Şimdi arkasında hiçbir şey duymuyordu.

Haykırış kesilmişti.

Babası kovalamacadan vazgeçmişti.

Oğlunun gecenin bir yarısında kaçması ne kadar umurundaydı?

Ön kapıya çıkacak kadar ama sokaklarda koşacak kadar değil.

Orta karar, diye saydı bunu Tommo.

Daha kötüsü de olabilirdi.

(Annesinin terliklerinin asfalt yolda *şap şap şap* sesini duyduğunu hayal etti. Annesi onu daha uzağa kadar kovalardı, öyle değil mi? Onu yakalayıp, öyle bir sarıp sarmalardı ki karanlık ve karanlık düşünceler kayboluverirdi. Öyle yapmaz mıydı?)

Bisikletinin ışığını açtı, yeniden yola koyuldu.

Bu karanlık şimdiye kadar gördüğü en koyu karanlıktı.

Bisikletinin farı önündeki küçük, beyaz bir alanı aydınlatıyordu. Bisikletini yol boyunca sürdükçe o da dalgalanıp duruyordu.

Sürekli titreşerek dalgalanan bu küçük bisiklet ışığının ötesinde, hiçbir şey göremiyordu.

Sol tarafında bir şey hışırdadı.

Hareket eden bir hayvan mıydı o?

Gürültülü insanlardan kaçan bir kirpi mi?

Yoksa onu izleyen daha kötücül bir şey mi?

Bisikletini incecik akan derenin yanına yatırdı ve ileriye, yamacın tepesine doğru tırmandı.

Yüzünden hafifçe bir şey geçti.

Gıdıklayıcı dokunuşların en belli belirsizi, bir hayaletin hafif parmak uçlarının dokunuşu gibi, en hafifinden...

(Ah! Bunu düşünmese olmaz mıydı sanki?)

Ayaklarının üstünde doğrulup, kendisini sakinleştirmeye çalıştı.

(*Hayaletler gerçek değil*, diye düşündü. *Küçük çocukları korkutmak için bir masal* sadece. *Gerçek değiller*.)

Karanlık artık bir bütün değildi.

Bazı öbekler daha koyu, bazısı daha az koyuluktaydı.

Başının üstünde, daha açık tonda öbekler vardı. Bunlar ağaçların oluşturduğu kanopinin[9] arasından görünen gökyüzü olabilirdi.

Önündeki orman koyu grilerden oluşan yamalı bir örtü gibiydi. Ve yavaşça, elleri önünde, hafif eğimli yamacın tepesine adımını attı, en karanlık gölgeleri hedefleyerek...

Cebinde bir şeyin kımıldadığını hissetti.

Meşe palamudu ona sesleniyordu, hafifçe bacağına doğru kaydı.

Ve sonra Tommo karanlığın içine bir adım attı.

9 Kanopi: Bir ağacın tepe kısmındaki dallar ve yaprakların oluşturduğu doğal örtü. Bu örtü, ormanların üzerinde bir çatı gibi durur ve altındaki alanı gölgelendirir. (e.n.)

Yüz binlerce yıldız parladı.

Bir uçtan bir uca muhteşem bir şekilde sürüklendi, sarmallar, kümeler ve dönen şekiller oluşturarak bir ayrılıp bir birleşiyorlardı, Tommo izlerken bile . . .

Kulübe bu yıldızların ışığıyla loş bir şekilde aydınlanmıştı.

Pencereler, içeriden turuncu bir ışık yansıtıyordu.

Tommo yaklaşırken, gölgeler ormandan onu izliyordu.

Puslu havanın rutubetli parmak uçları, bileklerine sürtündü.

Kulübe kapısının önünde durdu. Kapıyı çalmalı mı, diye düşündü.

Yan taraftaki pencerelerden birine doğru ilerledi.

Pencerenin altındaki banka dizlerini koyup içeriyi gözetledi.

İlk etapta ne olduğunu görmek zordu.

Missus mutfak masasında oturuyordu.

Arkasındaki kuzine geniş ve metal gövdesiyle kambur gibi duruyordu. İçinde soğumakta olan korların donuk parıltısı vardı.

Kadın, bir şeyin üstüne doğru eğilmişti.

Bir ziyafetten arta kalan şeyler gibi görünüyordu.

Bir somun ekmeğin koparılmış ucu, kâseler ve bıçaklar vardı. Bir bardak ve bir sürahi.

Ve masanın tam ortasında kızartılmış *bir şey* vardı, bir ortaçağ şöleninde görebileceğiniz bir şey, bir hayvanın tamamı, bir tavuk, hindi ya da kuzu bacağından çok daha büyük bir şey... Bütün bir şeydi, etin bazı parçaları ayrılmıştı, böylece beyaz kaburgaların kavisleri görünüyordu.

Mum ışığı titriyordu ve gölgeler, onun üzerinde oynaşırken neredeyse hareket ediyor gibi görünüyordu.

Missus uzun parmaklarıyla uzandı, bıçağı pişmiş etin içinde kaydırarak, uzun, sarkan bir et parçası kopardı ve yavaşça ağzına götürdü.

Ve orada otururken ürperdi, gözleri kapalı, dik dik tavana bakıyor, yüzü turuncu ışıkta titreşiyordu.

(Tommo, kafasının arkasında bir yerde, içeride, ona ait olmayan anıların ani bir akıntısına kapıldı: *uzun zaman önce bir Noel günü... ters çevrilmiş bir kovanın kaldırılmasıyla ortaya çıkan kumdan kaleler . . . üstünde hafif hafif sallanan uzun ağaçlar . . . denize bakan bir pencerede kendisine ait olmayan bir yüzün yansıması.* Kadın her ne yiyorsa, bu anılar ondan sızıyordu. Ya da yuttukça kadından...)

Kuzineye baktı Tommo; korların donuk, bitmek bilmeyen parıltısına. Birden ürperdi; gecenin serinliğinden, atıldığı maceranın gerçekliğinden, bu yere tekrar gelmenin budalaca oluşundan...

Bu kadın... O *iyi biri* değildi.

Burada olmamalıydı.

Ama buradaydı işte.

Ve yapmak zorunda olduğu bir iş vardı.

Ajan Jofolofski'nin cihazını pencere pervazına bırakabilirdi.

Düğmeye basabilirdi.

Geldiği yere dönebilirdi.

Yapması gereken şeydi bu.

Bu, onun dünyayı kurtarması demekti. (Muhtemelen bir madalya ya da onun gibi bir şey alırdı.) Ama bu, *bu dünyayı* kurtarmak demek olurdu.

Yaşadığı dünyayı . . . Her zaman yaşadığı hayatın olduğu dünyayı . . .

Ama bundan daha iyisini yapamaz mıydı?

O sabah Ajan Jofolofski'yle yaptığı görüşmeden beri merak ettiği, düşündüğü, üzerinde kafa yorduğu şeydi bu. (Gerçekten bu görüşme daha bu sabah mı olmuştu?)

Kapıyı itip içeri adım attı.

İçerisi sıcaktı. Rahat.

Yaprak, yerde ateşin yanındaydı. Bir şey kemiriyordu, üzerinden etler sarkan uzun bir kemik gibi bir şey.

Missus masadan başını kaldırdı.

Koluyla ağzını silip, vahşice gözlerini kırpıştırdı.

(Yine kendisine ait olmayan, bir başka solgun ve uzak hatıralar silsilesi zihninin köşesini gıdıklamaya başladı: *ailecek televizyon izliyorlar... bir kış günü perdeler kapatılmış... absürt bir durum komedisi... ve yatmadan önce içilen sıcak çikolata...)*

"Thomas?" dedi Missus, ayağa kalkıp ona doğru yaklaşırken. Kocaman gülümseyişi, sivri ve soluk renkli dişlerini açığa çıkardı.

Yaprak çiğnediği şeyi düşürdü, ayaklarının üstüne yükseldi.

"Burada ne yapıyorsun?"

Kadının arkasından, ince gölgeler masaya doğru uçtu ve ziyafeti didiklemeye başladı.

Tommo'nun midesi bulandı.

Başının üstünde, belli belirsiz kımıldanmalar vardı.

Yukarı bakınca kozaya benzeyen torbanın hâlâ orada olduğunu gördü.

"Bizi çağırmanı bekliyordum," dedi Missus, ellerini dışarı açıp, yaklaşarak. "Ama buraya gelerek değil. Bizi neden çağırmadın?"

Tommo geri geri gitti, kapı tokmağının omurgasına değdiğini hissetti.

"Önce size bir soru sormak zorundaydım," dedi, kelimelerin ağzından dökülüşünü izleyerek. Sandığından daha sağlam geliyordu kulağa, hafif bir hırıltıyla çıksa da... "Bir çift sorum var."

Yaprak, ıslak burnunu Tommo'nun eline bastırdı.

"Kulağım sende," dedi Missus, ifadesiz bir suratla.

Tommo bütün akşam bu sahnenin provasını yapmış, bütün gece bu soruları kafasında çevirip durmuştu.

“Sen dünyayı değiştirdin—”

“Hayır,” diye sözünü kesti Missus. “Dünya kendisini değiştirdi. O kendisini iyileştirir, bir ileri bir geri. Zaman, en iyi ilaçtır. Öyle söylenir.”

Tommo elini kapüşonlu giysisine sildi ve sonra ellerini cebine soktu.

Yaprak dönüp gitti, bir daire çizdi, geri dönüp oturdu.

Kocamandı ve sonsuz gibi görünen gözlerini Tommo’ya dikti.

“Ben önceden kimdim?” diye sordu Tommo.

Missus bir şey demedi.

“Hector’un içinde olduğu dünyada?” diye ekledi. “Hatırlıyorsun bunu, öyle değil mi? Neyi kastettiğimi biliyorsun. Hector’un kim olduğunu biliyorsun, değil mi?”

Missus bir şey söylemedi, ama gözleri yukarı doğru ışıldadı.

Tommo, kirişlerin arasında asılı kalan bohçaya baktı.

(Oynaştı mı o? Çok hafif, belli belirsizce? Çok yavaşça?)

Kalbi gittikçe daha yavaş atmaya başladı . . .

Şüphelendiği şeyi onaylamıştı. Planı işleyecekti.

(Ajan Jofolofski “örümcek gibi” demişti; Tommo örümceklerin avını yakalayıp, sonrası için sakladıklarını biliyordu.)

Nefesi hafif bir hırıltıyla çıktı, yatıştıran bir dokunuş gibi.

“Tommo, yani önceki *ben* . . .” Durdu. “O . . . o mutlu muydu?”

Missus bir adım daha yaklaşıp ellerini uzattı.

Bir annenin yapacağı gibi, dört parmağından üçünün tersiyle yanağına dokundu . . .

"Bilmiyorum," dedi. "Oradaydım, evet, ama seni *fark etmedim*. Hector'la konuştum, ama o hiç senden *bahsetmedi*. Senin *eskiden* kim olduğunla ilgili hiçbir şey bilmiyorum."

Gözleri yeniden tavana doğru ışıldadı. Kendisine engel olamıyordu.

"Eğer biz dünyayı yeniden değiştirirsek," dedi Missus'un etrafında, kulübenin içinde, kapıdan uzakta dolaşarak, "nelerin değişeceğini, nelerin aynı kalacağını bilebilir misin?"

Missus yüzünü ona çevirdi.

Kafasını hızla bir yana yatırdı.

Yaprak, sessizce Tommo'nun arkasından geldi.

"Bilmek istediğin şey . . . ?" Durdu. Dilini dişlerinin arasına koydu. Tommo'nun arkasına baktı. "Eğer sen . . . ?" Tekrar durdu. Kafasını hafifçe eğdi. Yaprak burnunu çekti. Tommo'nun duyamadığı şeyleri dikkatlice dinledi. "Seni inciten kızı çekip alırız. Ve sonra, on dört yıl önce, o hiç doğmamış olur. Onun yerine, ailesinin ilk çocuğu bir erkek çocuk olur . . ." Kadın kafasını eğip dinledi. Tommo'nun hissedemediği esintiler odanın içinde hafifçe bir ıslık çalıyordu, onun duyma sınırının çok altında . . . "Ona . . . Jason diyorlar, eskilerin büyük kahramanı gibi . . . O senin tanıdığın çocuk değil. Sen onunla hiç tanışmadın. Onun yerine başka arkadaşların var senin, annen baban . . ." Durdu. "Dünyanın o zamana kadar peşinden gidebileceği olasılıklar öyle çoktur ki, benim görüşümün ötesindeki küçük çakıl taşları düşüp, heyelanlara sebep olur."

Tommo kafasını salladı.

Tommo bunu bilemezdi. Kadın da bunu diyordu işte. Ama yine de şansını denemek zorundaydı.

Herhangi bir yeni dünya bunun kadar kötü olamazdı, öyle değil mi?

Herhangi bir yeni dünya zarları sallar, kartları dağıtır, ona da yeni bir el verirdi elbet.

Ve Ajan Jofolofski "bir şey çıkarıldığını ya da eklendiğini biz her zaman bilemeyiz," demişti.

Ona güveniyordu çünkü o da kendisine güvenmişti.

Bir değişimi zorlamalıydı.

Sükût ile hiddet arasında dengelenmiş o evde yapayalnızdı, diken üstündeydi her an. Okuldayken ya da Jayce'leyken yalnızlık bir kenara çekilir ama evin kapısı kapandığı an yeniden ortaya çıkardı. Bu onun bir parçasıydı. Bekleyen, izleyen ve onu bağrına basan bir parçası.

Jayce'den hoşlanırdı, Jayce'i severdi, çok eğlenirlerdi, sık sık, ama bunlar her zaman hissettiği yalnızlık duygusunu durdurmuyor, ortadan kaldırmıyordu.

Şimdi Jayce ne düşünüyordu acaba?

Ne yapıyordu şimdi?

Derin bir uykuda, rüya görüyordu belki de.

Jayce olmak çok kolay görünüyordu, Tommo olmaksa çok zor...

"Onu geri ver," dedi Tommo, bohçayı gösterek.

Missus kafasını bir horoz gibi oynattı, gözlerini ondan çekip tavana baktı.

"Vermek. Onu. Geri?" dedi.

"Hector," dedi Tommo. "Onu dünyaya, evine geri götürmeme izin ver."

"O benim," dedi Missus soğukça. "Ben bir anlaşma yaptım, çağrıldım ve benim olanı aldım."

Tommo artık hazırdı.

Kalbi, kaçmak isteyen bir kelebek gibi kanat çırptı, midesi burkuldu, bacakları jöle gibi yalpalanıyordu ama bir cevabı vardı.

"Bununla gönderildim," dedi, Ajan Jofolofski'nin cihazını havaya kaldırarak. "Hector'u geri almama izin ver, ben de bunu patlatmayayım."

Yaprak bacağına sürtündü, burnunu kaldırıp, metal diski kokladı.

Missus eğilip baktı ona dikkatlice.

"Demirden yapılmış," dedi. "Kokusunu alabiliyorum ama bunun bizim için bir tehdit olduğu zamanlar çok geride kaldı."

"Bu bir çeşit bomba," dedi Tommo.

(Missus'un bu cihazı tanıyıp korkarak, "Götür onu! Ne istersen al! Bizi bırak!" diye cırlayacağını ummuştu ama o, cihaza doğru dürüst bakmamıştı bile.)

"Bomba mı?" dedi. "Bir çocuk bize bombayla gelip, yeni bir anlaşma yapmaya kalkışıyor ha? Biz anlaşmaları severiz, doğru. Ama bu bizim dâhil olmayı isteyeceğimiz bir ticaret değil."

Tommo, küçük kapağı düğmesinden geriye doğru kaydırdı; parmağını tuşun üstünde bekletti.

"Tek yapmam gereken düğmeye basmak," dedi, "ve siz havaya uçacaksınız... Hayır, tam olarak havaya uçmak sayılmaz ama şey ... dünyadan koparılmak gibi... çengelinizden sökülmek gibi..."

Dili kelimelerin üstünde sürçüyordu ve bunu biliyordu.

Tam da kahraman olacağı an, her şeyi eline yüzüne bulaştırmıştı.

Buraya gelip, böyle bir şeyi denemekle aptallık etmişti. Uzay ve zamanın ötesinden gelen bir canavarı alt edebileceğini düşünmekle aptallık etmişti.

Ajan Jofolofski ona güvenmekle hata yapmıştı ve kendisi de onun istediğini yapmayarak hata yapmıştı.

Neden bu kadar ileri gitmişti ve neden kendi bildiğini yapmaya çalışmıştı ki sanki?

Neden hiç tanımadığı bu çocuğu kurtarmaya çalışmıştı?

O eski dünyayı, Maria'nın dünyasını geri getiremezdi.

Kendi dünyası vardı zaten; her zaman tanıyıp bildiği dünya. Ve olması gereken yer orasıydı... Şu anda buna bile sahip olamayacağına dair korkunç bir his geçti içinden aniden.

Yelkenleri suya indiriyordu.

Missus kemikli parmağıyla dürttü onu.

"Seninle bir *anlaşma* yaptım ben Thomas, ama sen buraya geri dönüp, bir şeyler *talep ederek* beni *aşağıladın*. Ben sana iyilik yapmayı teklif ettim, seni *tehdit* edenlerin önünde dimdik durabilmen için sana yardım etmeyi teklif ettim ama sen buraya gelip beni *tehdit* ediyorsun." Durdu, hafifçe homurdanıp yeniden dürttü onu. "*Küçük bir çocuğun* aksine, yine de kendimi savunabilirim. Başkalarından yardım istemeye ihtiyacım yok."

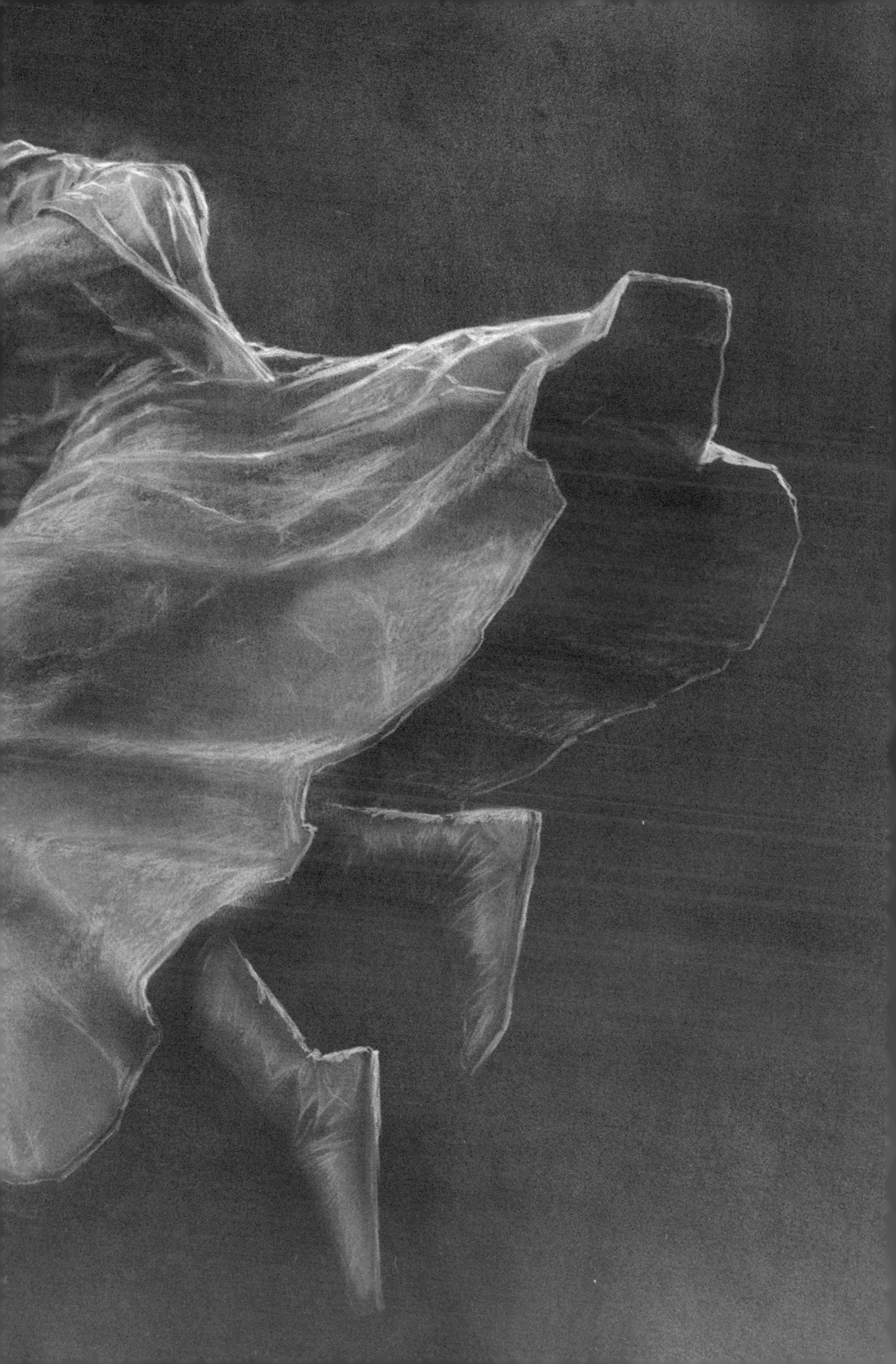

Missus elini öyle bir uzattı ki çenesiyle boğazı arasındaki yumuşak etine uzun bir tırnağın battığını hissetti Tommo. Arkasında, Yaprak'ın gitgide daha karanlık, daha büyük, daha soğuk olduğunu hissediyordu.

Kulübe giderek karanlığa büründü ve gölgeler izlemek için kümelendi. Tommo içgüdüsel olarak korkuyla geri adım attı, kalbi göğsünde bir alarmın çalması gibi küt küt atıyordu ve ayağı kaydı, tökezleyip ahşap zemine düştü.

Düşerken, Ajan Jofolofski'nin cihazını yere düşürdü ve cihazın takırdayarak taş zeminde yuvarlanışını duydu.

Ama tuşa basmış mıydı?

Bilmiyordu.

Sonra, yere çarpmasıyla birlikte bu düşünce zihninden silindi ve kalçasında keskin, ani bir acı; belli bir noktada, yoğun bir acı hissetti.

Bunun cebindeki meşe palamudu olduğunu fark etti. O sert yumru, etinin arasından kemiğine batıyordu. Ve onun yuvarlanırken kırıldığını anladı.

Meşe palamudu kırılmıştı.

Anlaşma yerine getirilmişti.

Sözleşme tamamlanmıştı.

Meşe palamudunun kırıldığı an Yaprak ulumaya başladı.

"Tam zamanı!" dedi Missus, birden düşen çocuğu görmezden gelerek.

Auuuvvv!

"Gece en koyu deminde, bizim olanı alalım. Açlık çekiyorum."

Auuuvvv! Auuuvvv! Auuuvvv!

Ve Tommo bakarken, ikisi de gözden kayboldu, bir yaz rüzgârında uçan hayaletler gibi . . .

"Ah!" dedi Tommo yavaşça ayaklarının üstünde doğrulurken.

Kirişlerin arasından sarkan bohçaya baktı.

Fırsat bu fırsattı.

Bohça şimdi daha çok mu oynaşıyordu sanki?

Eliyle uzandı ama yetişemedi.

Üstüne çıkacak bir şey?

(Missus'la Yapmak dönmeden önce, ne kadar zamanı vardı?)

Üstüne çıkılacak tek şey, mutfak masasının oradaki sandalyeydi.

Derin bir nefes aldı, bir hışırtı sesi vardı, bir hırıltı, ve oraya gitti.

Masadaki ete bakmamaya çalıştı.

O lezzetli kızarmış et yemeğinin kokusunu burnundan içeri sokmamaya çalıştı . . . Bir hikâyeyi okuyup da ayrıntılarını unutmanın verdiği his gibi silik anılar süzülüyordu sanki etten.

Sandalyeyi yanına çekti, taş döşeli zeminde çıkardığı gıcırtının sessizliği bozmasına izin verdi ve bohçanın altına yerleştirdi.

Sandalyenin üstüne çıkıp, başının üstündeki o şeyi tüm kuvvetiyle çekti.

Bir örümcek ağı gibi yapış yapıştı ama öyle sıkı sarılmıştı ki içini göremiyordu.

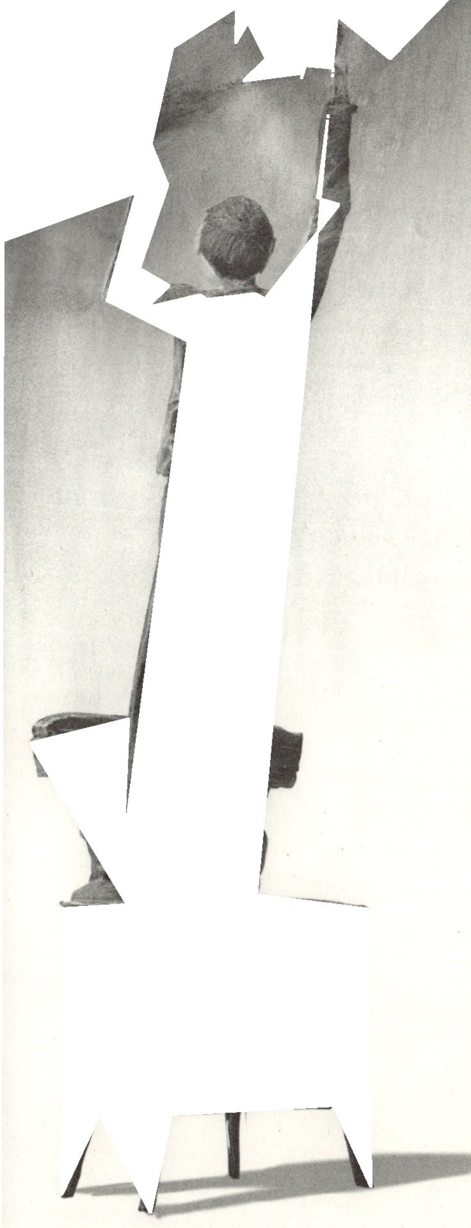

Şimdi daha yakın olduğu için, insan şeklinde olduğu daha belirgindi.

Parmakları ağı her tırmalayışında birkaç iplikten daha fazlasını çekemiyordu . . . *Bu sonsuza dek sürer!*

Yere zıplayıp mutfağa geri koştu.

Keskin bir bıçak buldu.

Yeniden sandalyeye çıktı.

Kulübedeki gölgeleri merakla izledi.

Böyle bir şey on bin yıldır bir kez bile olmamıştı.

Dikkatlice bıçağın ucuyla o şeyi dürttü, yokladı ve kalın ağın ipliklerinin arasına daldırdı bıçağı.

Bıçak kesmeye başladı ve ipliklerin altında, bir kumaşın ucunu görebiliyordu.

Daha fazla, daha hızlı kesti, bir yandan dikkatli olmaya çalışarak . . . İçerde her ne varsa, ona değmeden, kenarlardan kesmeye devam ediyordu. (Gerçekten umduğu şey miydi, umduğu *kişi miydi*?) Ve her bir kesikle, kesme işi kolaylaştı. Kalın, yapışkan iplikler hemen kesilip, hissedilmeyen rüzgârda kendi kendine savrulup sallanıyordu. Ve açılan boşluktan kumaşla kaplı şey dışarı taştı.

Tommo'nun davul gibi çarpan kalbi, göğsünde yankılandı.

Astımlı nefesi karanlıkta ıslık gibi çaldı.

Elleri titredi.

Üstündeki şeyle uğraşmak zordu.

Kolu ağrımıştı.

Yukarı bakmaktan boynu ağrımıştı.

Maria'nın yumruğuyla şişmiş yanağı birden zonklamaya başlamıştı.

İçerideki beden, ona doğru taşmaya başlamıştı, onu destekleyen iplerden yeterince kestiği anda düşecek gibi görünüyordu.

Bunu hesaba katmamıştı ama bir plan yapmaya başlamadan önce—

Cumburlop!

O şey düştü.

Tam üstüne.

İkisini de yere devirerek.

Bıçak sekerek, döne döne taş zemine fırladı ve koltukların birinin altındaki gölge, yutuverdi onu sonunda.

Tommo düşerken kafasını çarptı ve dünya karardı.

"Tommo?" dedi bir ses.

Sersemlemiş bir halde kendine geldi.

Dünya dönüyordu.

Kafasının arkası zonkluyordu. Taş zemine değdiği an bir ağrı saplanmıştı kafasına.

"Tommo."

Birisi omzundan tutmuş sarsıyordu onu.

"Benden nefret ettiğini düşünmüştüm," dedi ses.

"Benden vazgeçtiğini düşünüyordum," dedi ses.

"Sonsuza kadar dostuz," dedi ses.

Ve sonra Tommo ıslak bir şeyin yanağına çarptığını hisseti.

Bir yağmur damlası.

Sadece tek bir tane, tuzlu yağmur damlası.

Ve gözlerini açtı.

Dünya dalgalanıyordu sanki ama üstünde, ateşin turuncu parıltısının vurduğu koyu bir silüet vardı, bir çocuğun yüzü . . .

"Hector?" dedi Tommo.

"Hex," diye cevapladı çocuk, onu düzelterek. "Sadece annem bana Hector der, biliyorsun."

"Hı?" dedi Tommo.

Doğrulmaya çalıştı, ama kafası zonkluyordu.

"Ahh!" dedi.

"Beni kurtarmaya geldin," dedi Hector . . . Hex.

"Onun gibi bir şey," dedi Tommo, sendeleyerek ayağa kalkarken.

Önündeki çocuğu tanımıyordu. Onu daha önce hiç görmediğinden emindi. En ufak bir hatıra bile canlanmadı zihninde. Ama yine de o *Hector'du*. Onu *kurtarmıştı.*

"Gitmeliyiz!" dedi.

"Ee, tamam," dedi Hex.

Tommo bunun işe yarayacağından emin değildi.

Bunu düşünmeden yapmıştı çünkü gerçek şu ki ne kadar sıkı plan yaparsanız yapın *asla* bilemezdiniz. Doğru şeyi yaptığınızdan asla emin olamazdınız.

Hector'u dünyaya geri götürebilirse, zamanın onu tekrar kendisine uydurabilmesi için değişeceğini söylemişti herkes. *Her şey* yeniden değişecekti.

Tam ayrılmak üzereyken, ancak o zaman, Ajan Jofolofski'nin cihazını hatırladı Tommo.

Yere düşerken onu da düşürmüştü.

Meşe palamudu kalçasına batarken bile, cihazın yuvarlandığını duymuştu.

Düğmeye basmış mıydı?

Sendeleyerek kapıya doğru ilerlediler.

Kapıyı açtılar.

"Bu yeri hatırlıyorum," dedi Hector. "Ama gökyüzü . . ."

Açıklığın üzerinde, evrendeki hiçbir yere benzemeyen bir şekilde dönüp duran ve parıldayan yıldızların oluşturduğu çatıyı görünce sözlerini yarıda kesti.

Tommo, Hex'i kulübeden dışarı ("Seni takip edeceğim," demişti), ormana doğru ("Tam arkanda olacağım," demişti) ittirirken bile ("Koş," demişti), arkasına bakmıştı. (Koşup içeri girmeye, cihazı bulmaya, düğmeye kesin olarak basmaya hazırdı) Ve . . . gölgeler kulübenin ortasına hep beraber akın ettiler.

Hepsi birbirinin üstüne yığıldı, böcekler gibi, yerdeki giysiler gibi, parkı tepeleme dolduran çocuklar gibi...

Ve sonra, odanın turuncu ışığının içinde yavaş yavaş silinip kayboldular. Ve Missus duruyordu orada, Yaprak duruyordu orada; ortalarındaki ise soğuk taş zeminin üstünde yatan Maria'ydı.

"Sen hâlâ burada mısın, Thomas?" dedi Missus.

Tommo kapının eşiğinde duruyordu.

Yaprak, kafes çubukları gibi kavisli, upuzun örümcek bacaklarının gölgesiyle Maria'nın üstüne kapanıp ağını örerken, kollarını yanlarına doğru gitgide daha sıkı bağlarken bile, Maria debeleniyor, ağları tırmalıyor, mücadele ediyordu.

"Tommo!" dedi nefes nefese. "Kaç kurtul. Git buradan. Jay'e iyi bak ve— "

Ağzı ağla kaplanırken sesi kesildi.

Missus kıza baktı.

Yaprak durmadı.

Maria, daha fazla ağla sarıldıkça ileri geri yuvarlanıyordu.

"Kızı bırak!" dedi Tommo.

Yaprak ağları örerken, kulübenin içine koşup onları yırtmak, Maria'yı o ağların içinden koparmak, kulübeden açıklığa, canavarlardan uzağa götürmek istedi.

(*Cihazı aramayı boş ver*, diye düşündü, *onu kurtar yeter.*)

Missus ona doğru bir adım attı, çocukla esir arasına girdi.

"Bunu benden sen istedin, Thomas. Daha az önce. Sözünden dönmek için çok geç artık."

"Bir kazaydı o," dedi. Sesindeki titreme, bacaklarında yankılanıyordu sanki. "İsteyerek yapmadım."

Sadece hırıltı ve inleme sesleri geliyordu Maria'dan ama hâlâ mücadele ediyordu.

Missus, Tommo'ya doğru bir adım daha attı.

"Kendini çok fedakâr sanıyorsun, öyle mi? Onunla yer değiştirecek misin?"

Alay edercesine.

(*En azından Hector özgür,* diye düşündü.)

"Tamam," dedi. "Bedeli buysa eğer."

"Burada, bizimle mi kalacaksın? Eğer gitmesine izin verirsek?"

Missus elini havaya kaldırdı ve arkasındaki Yaprak durdu.

Tommo, Maria'nın yerde kıvranırken süründüğünü, didindiğini duyabiliyordu.

(Ayağı bir sandalyeye çarpmış, sandalye gıcırdayarak öteye kaymış, sonra da büyük bir tıngırtıyla taş döşemeli zemine düşmüştü.)

Missus'un yüzüne, keskin dişli bir gülümseme yayıldı.

"Bunu konuşabiliriz," dedi.

"Bırak gitsin önce," dedi Tommo. "Lütfen."

Missus yana doğru bir adım atıp, köpeğine baktı.

"Bağların birkaçını gevşet, bakalım ne söyleyecek," dedi.

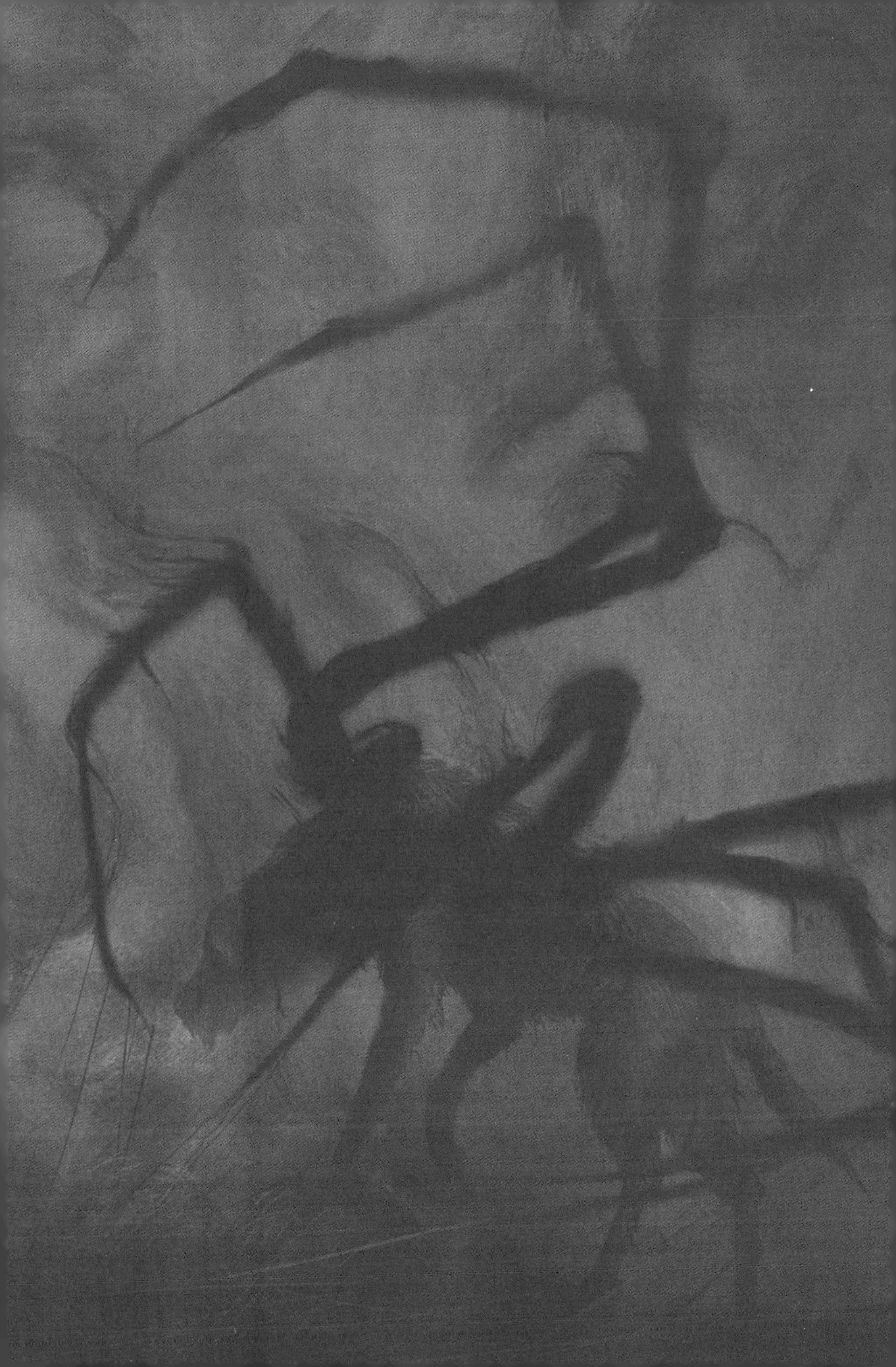

Gölgenin bir titreyişiyle, Maria'nın ağzındaki ağ kesildi ve bir nefesiyle kenara uçuştu.

"Kaç, Tommo!"

Tommo, kıza doğru birkaç adım attı.

Koltuklardan birinin yanında çömeldi, köpek ve kız önündeydi.

Missus, bir elini Tommo'nun omzuna koydu.

Tırnaklarını hissedebiliyordu.

Tommo ise bir elini Maria'nın üzerine, diğerini koltuğun gölgesinin olduğu zemine koyarak kendisini dengeledi.

"Kendini onunla değiştireceksin öyle mi?" dedi. "Sana yaptıklarından sonra."

Bir parmak birden yukarı kalkıp, gözünün etrafındaki şişliğe dokundu.

"Gerçek bir aziz," dedi.

Dalga geçiyordu.

"Yapma," dedi Maria. "Yaptığım şeyden sonra, ben bunu hak ediyorum."

Tommo ona baktı.

Kafasını salladı.

Beyazlı grili iki şeridin arasındaki boşlukta gözlerini görebiliyordu. Mavi, korkmuş ve güzeldiler.

Daha sonra korkarsın, dedi kendi kendisine. Eskiden bir kitapta okumuştu bunu. *Söylemesi kolay,* diye ekledi.

Tir tir titredi.

Bu işten kurtulamayacağım ama en azından Hector özgür.

"Sorun yok," dedi sessizce. "Bir şeyleri düzelttim. Dünyayı geri getirdim."

"Ne?" dedi Maria. Sesi neredeyse bir fısıltıyla çıkmıştı.

"Evet," dedi Missus, iyice yaklaşıp, Maria'nın sorusunu tekrar ederek. "Ne?"

"Ama seni burada bir başına bırakamam," dedi Tommo. "Ne yaptıklarını gördüm. Geri dönmek zorundasın. Biz . . ."

Bu sözleri fısıldarken, kendisini bir kahraman gibi hissetti. Bir fark yaratmış gibi; filmin en son sahnesinde, her yeri kir pas içinde, kapkaranlık bir kuyuda gördüğünüz, ama bir anda her şeyi değiştiren bir çocuk gibi . . .

Eli koltuğun altındaki gölgelerin üstündeydi. Konuşurken eliyle oraları yoklamış ve parmak uçları bıçağın soğuk, gümüş çeliğine değmişti.

Bıçağın sapını kavramak için onu döndürürken (cadıyla dövüşmek için mi yoksa Maria'yı o ağlardan kurtarmak için miydi, kendisi de bilmiyordu), Yaprak yukarı baktı ve hırladı. Missus kafasını kaldırıp, gölge-köpeğinin gördüğü şeye baktı; bir horoz gibi kafasını yana yatırdı.

"Hayır!" dedi. "Bu olamaz."

Boş kozaya bakıyorlardı.

"Sen ne yaptın?" dedi Missus çemkirircesine. Hâlâ Tommo'nun omzunu sıkıca kavrayan o pençeli eliyle, Tommo'yu çekip ayağa kaldırdı.

Tommo sendeleyerek ayağa kalkarken bıçak gürültüyle yere düştü.

Missus, Tommo'yu döndürüp, odanın karşısına, mutfağa doğru fırlattı.

Arkaya doğru sendeledi Tommo.

Haşatı çıkmış bir şekilde masaya tosladı.

"İnsanların evlerine girip, orayı istila edemezsin," dedi Missus, siyah tırnağıyla onu dürtükleyerek. Karanlık yükseldi arkasından, kanat kanat . . . "Onların bir şeylerini çalmak . . . Bu kabalıktır. Kötülüktür. Bir cezayı hak eder. Bize karşı işlenmiş, *düzeltilmeyi* hak eden bir *yanlıştır.*"

Sesi şimdi tekrar sakindi.

Nefesi nane şekeri kokuyordu.

"Tommo," dedi Maria. "Çabaladığın için teşekkür ederim. Sana vurduğum için özür dilerim."

"Sorun değil," dedi Tommo, yerdeki, ağlarla sımsıkı bağlanmış kıza Missus'un arkasından bakabilmek için kenara doğru çekildi. Yaprak, öfkeden kudurmuş bir halde, sivri bir pençesini kızın yan tarafına koyarak, üstüne doğru hırladı. "Üzgünüm, bu işin sonu iyi olmadı," dedi Maria.

Tommo, kızın gülümseyerek kendisine baktığını düşündü.

Konuşurken ileri geri sallanıyordu, özgürlüğünün sınırlarını anlamaya çalışan bir tırtıl gibi . . .

Yaprak geri çekildi, kükredi, hırladı kıza ve gölgeler oluşturarak döndü etrafında.

"O kadına da, gizli ajana, teşekkür ettiğimi söyle," dedi Maria nefes nefese, acıdan kıvranırken.

"Çabaladı... korumak için... İşe yaramayışı onun suçu değil."

Ve bu sözlerden sonra, tüm gücüyle yuvarlanıp köpekten kurtuldu, sarılı ayaklarıyla Missus'un bacaklarının arkasına küt diye vurarak onu yere serdi, düşmemek için elleriyle iki yana tutunarak.

"Kaç!" diye haykırdı Maria.

Ve Tommo kaçtı.

Ve Yaprak uludu.

Onu kurtarmaya çalıştım, diye düşündü. *Bizi kurtarmaya. Elimden geleni yaptım, ama ben bir kahraman değilim...*

Kulübenin dışında, sert, soğuk zeminde uzanmış yatıyordu, dudaklarında bir çiy tanesi, göğsünde çırpınan bir hırıltı ve sırtında koca, gri köpeğin pençeleri . . . Ve yeniden düşündü, *Çabaladım.*

Yaprak'ın dişleri kulağında gıcırdıyor, sıcak ve nemli nefesi yanaklarına damlıyordu.

Ve sonra, bütün bu süre boyunca o koltuğun altında, bıçağın hemen yanında, zamanını bekleyen, geri geri sayan Ajan Jofolofski'nin cihazı yaptı yapacağını.

Tommo'nun ilk fark ettiği şey köpeğin; Yaprak'ın ağırlığının sırtından kaybolmasıydı.

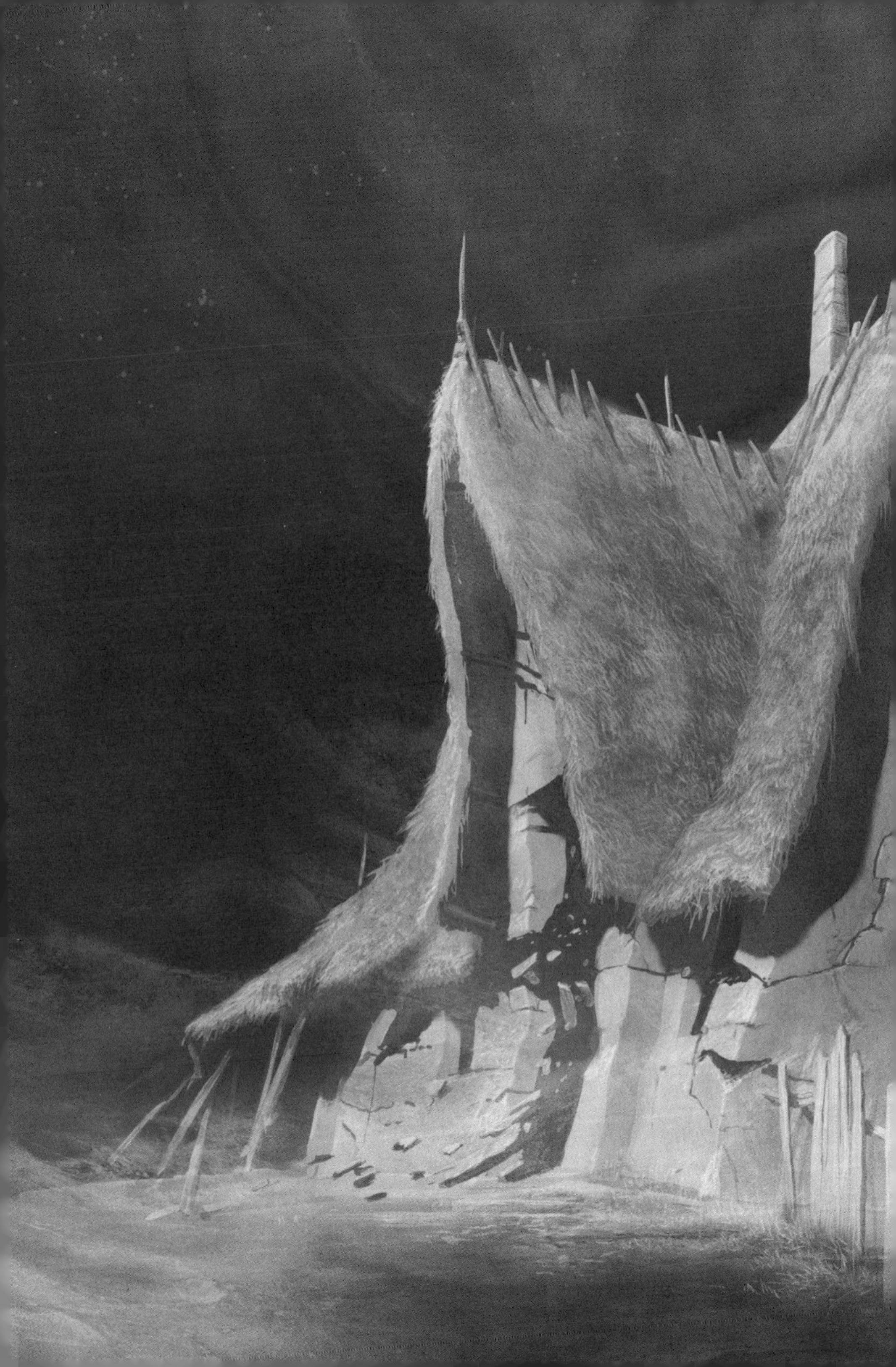

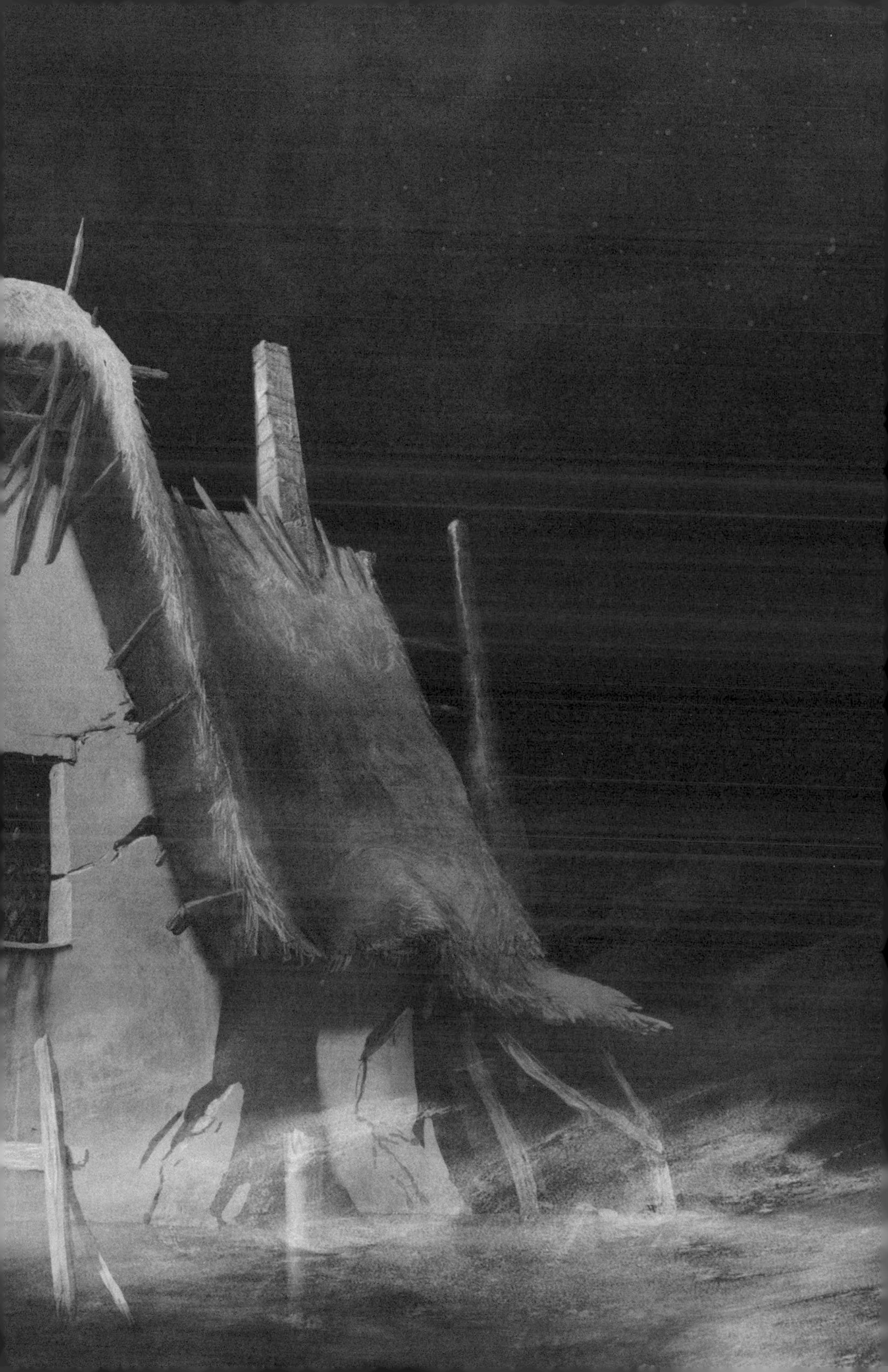

Doğruldu, yarı oturur bir pozisyon aldı.

Önünde kulübe vardı. Kapısı açıktı ve gri köpek içine düşüyordu, derin bir çukura düşüyormuş da kendisi de sarp bir yamacın kenarında oturuyormuş gibi...

Kapının ötesinde, odanın içinde bir karanlık topu büyüyordu, tam ortasında iğne ucu kadar parlak bir güneş ışığı olan bir karanlık...

Ve Yaprak Missus'un yanından geçerken, Missus'un yüzü öfkeyle kendisine bakıyordu. Ve Tommo poposunun üstünde geri geri gitti; taşların arasından, patikayı takip ederek tepenin yukarısına, ağaçlara doğru...

Maria'yı göremedi, ama onun hâlâ orada, içeride olduğunu biliyordu. Tekrar tekrar "Özür dilerim," diye haykırarak, bağıra bağıra ağlamaya başladı.

Maria onu kurtarmıştı.

Ve karanlık topu büyüdü; kulübenin duvarları içeri doğru kabardı, sazdan çatı un ufak oldu, sanki bu sıcak ve rahat ama şeytani yapının ortasında büyüyen bir kara delik varmış gibi...

Başının üstünde, arkasında, önünde yıldızlar dönmeye başladı, yıldızlarla dolu gökyüzü dönüyor, dönüyordu...

Ve sonra hiçbir şey yoktu; düşüyordu.

Düşerken, yapraklar yüzüne sürtünüyor, dallar tokatlıyordu onu. Burnu ormanın kokusuyla doluydu. Etrafındaki tüm dünya, kendisini yeni gerçeklere uydurmak ve yeni gerçekleri içine almak için, ihtimallerin duyularını ve parmak uçlarını uzatıp genişletti.

Zaman yeni başlangıçlara doğru geri adım attı. Uzaktaki yıldızlar hiç el değmemiş, hiç rahatsız edilmemişçesine huzurla dönüyordu.

CUMA

Kuş cıvıltıları vardı.

Ve eğrelti otlarının kokusu . . .

Ve kuru toprağın yüzünü iğnelemesi hissi . . .

Ve Tommo uyandı.

Güneş tepedeydi; her yanı saran ağaçların yapraklarının arasından ona göz kırpıyordu.

Zihni bulanıktı, düşünceleri hiçbir yere oturmuyor, ona mantıklı gelmiyordu.

Düşüyordu.

Derin, düşsüz bir uyku.

Ve sonra, buradaydı işte, ormanda...

Artık düşmüyordu.

Etrafına bakınca, sadece ağaçları ve kafasını içinden çıkardığı bir eğrelti otu deryasını görebildi.

Yanları ağrıyordu, yüzündeki morluk hâlâ duruyordu, ciğerleri yeniden varlığını hissettirmek istercesine hırıldıyordu.

Aynı çocuktu, olabildiği kadarıyla...

Orman hoş kokuyordu. Sadece açıklığın, tazeliğin ve sonsuz yeşilin kokusu...

Bir yerlerden, bir traktörün gümbürtüsü geldi kulağına.

Ve sonra yakınlardaki bir daldan, bir kızılgerdan, kendi küçük dilince, "*Benim toprağımdan çekilin*!" diyerek bağırmaya başladı. Canla başla aynı şeyi tekrarlayıp duruyordu.

Tommo ayağa kalktı.

Dengesizdi ama yeni uyandığından olsa gerekti. Birkaç adım attıktan sonra, daha normal hissetti, kendisine daha çok güveniyordu şimdi.

Sonra bağrışmalar duydu.

Çalılıkların arasından ilerleyerek, seslere yöneldi Tommo.

Ormandaki sesler yükseldi.

Tezahüratlar.

Ve kahkahalar.

Dereye ulaştı ve önünde, yukarıda büyük bir meşe ağacı ve ağaçtan sarkan, aşina olduğu o salıncak belirdi.

Bisikleti ortalıkta görünmüyordu ama orada, havada süzülen çocuk, bir gece önce rüyasında gördüğü o çocuktu.

Hayır, bu bir rüya değildi.

Ve yukarıya seslendi, "Hey, Hector!"

Ve çocuk salıncağın tepesinde hareketsiz bir şekilde dururken aşağıya baktı ve "Ah, hey . . . hımm?" dedi.

Ve sonra uzaklara, bir kızın onu beklediği yamaca doğru geri salındı.

Kendileriyle aynı yaşlarda bir kız.

Hector yamaca inip, ikili yer değiştirirken Tommo izledi.

Kız salıncağa tırmandı ve yüksek sesle "Geronimo!" dedikten sonra kendisini boşluğa bıraktı.

Tommo, kızın bacaklarına çarpmadan, etrafını dolaşıp, elleri ve ayaklarıyla yamacı tırmanıp, diğer çocuğun yanına geldi.

"Geri dönebildin demek," dedi.

"Ne?" dedi Hector.

Yabancı, kuşkulu bir bakış.

"Ah!" dedi Tommo.

"Thomas . . . Tom . . . öyle değil mi?" dedi Hector. "Sen Bayan Short'un sınıfındasın, değil mi?"

"Evet," dedi Tommo.

Eskiden arkadaş olup olmadıklarını sormak gereksiz görünüyordu, çünkü arkadaş olmadıkları çok açıktı. Hector'un onu, yüzünü zihninde yerleştirmesi biraz zaman almıştı. *Okulda gördüğü herhangi bir çocuktu işte.*

Ama Tommo, filmlerde gördüğünüz o uçuk kaçık, zamanda yolculuk yapan insanlar gibi, kendisine tuhaf bakışlar atılmasına neden olacak o soruyu (Hangi yıldayız, söyler misiniz, Bayım?") sormaya mecbur hissetti kendini: "Söylesene, benim arkadaşlarımın kim olduğunu biliyor musun?"

Hector ona hak ettiği, garip bakışı attı ama cevap veremeden, kız sallanmayı bırakıp yamaca indi. Hector, kızın inebilmesi için uzanıp ipi tuttu.

"Selam," dedi kız Tommo'ya bakarak.

Kızı tanır gibi oldu ama tam olarak oturtamadı zihninde.

(Sonra fark etti ki kulübe kendi içine doğru çökerken, kendisinin salıverdiği *hiçlik,* Yaprak'la Missus'u yutarken görmüştü Maria'nın yüzünü. O sırada öyle emindi ki onu *görmediğinden,* ama kızın gözleri, bütün o dönen toz bulutu ve karanlığın içinden kendisininkileri yakalamıştı. Ve tıpkı bu kızın gözleri gibiydi.)

"Sen . . . ?" dedi ve kuru toprağa güvenle inmesine yardım etmek için kızın elini tutmak üzere uzandı. Ama bir şeyler ters gitti ve kız Tommo'nun elini neredeyse tutmuş, parmak uçları birbirine değip dolanmıştı ki, elleri kaydı. Kız, ayağını doğru yere koyamadı ve tepesi üstü devrilip düştü.

Hector, kızın ismiyle bağırdı; Tommo çaresizce izledi.

Kız düşerken ona gülümsedi.

Bundan tam olarak emin olamadı (çünkü onun kafasında ağır çekim gibi ilerlese de, aslında her şey çok hızlı olmuştu) ama en azından göz kırptığına içten içe inanıyordu.

Yine oluyor, diye düşündü.

Hector'u, Sascha ve kırık koluyla dere yatağında bırakıp, yardım için telefon açmak üzere patikadan yukarı, o kıvrımlı yola doğru koştu.

Daha büyüktü.

Kendileriyle yaşıttı.

Maria ise hiç doğmamıştı.

(Sascha ve Hex, yakın arkadaşlar. Doğduklarından beri, dinamik ikili...)

Neredeyse bir kahkaha atacaktı.

Kıvrımlı yoldan çıkıp, mahalleye girdi. Sascha'yla Jaycelerin evine koşup, kapıyı yumrukladı.

Ergen yaşlarda bir çocuk baktı kapıya. Bir eliyle telefonuna bakarken, diğer elini de, besbelli ki, teslim edildiğini düşündüğü kargoyu almak üzere uzatıyordu.

"Sascha!" dedi Tommo nefes nefese. Elleri dizlerinde yere çöktü. "İp salıncaktan düştü. Kolunu kırdı."

Çocuk dönüp, evin içine doğru bağırdı.

"Anne! Ambulans çağır!"

Ve mutfaktan bir ses geri bağırdı: "Ne var, Jay? Ne dedin?"

Ve Tommo biliyordu. Oydu. Her ne kadar, pek göz temasında bulunmamış olsa da, şimdi aptalca bir saç kesimi olsa da...

Ve arkadaş olmadıklarını, *olamayacaklarını,* hiçbir şey söylememesi gerektiğini biliyordu.

Ama sonra, tam da mesaj iletilmiş, süvariler yola koyulmuş, Tommo gitmek üzereyken, dönüp, "Teşekkür ederim," derken gördü kendisini.

"*Tamamen bambaşka biri olduğun bir zamanda, hatırlamadığın bir dünyada benim arkadaşım olduğun için teşekkür ederim,*" demek istiyordu.

Bu yeni, yaşça daha büyük Jayce ona baktı, "Eğlenceliydi," dedi.

Gözleri parladı; o eski gülümsemesiyle . . .

Ve sonra bu kısacık an geçti. Sanki ne dediğine bakıp, kendi sözlerini tanımıyormuş gibi bir ifade oturdu yüzüne.

Bazen dünya yankı yapar, tam oturmadan önce bir iki kere sıçrar, diye düşündü Tommo.

Üzüldü.

Kendini bildi bileli Jayce en yakın arkadaşıydı.

İçinde bir boşluk vardı.

Ama bu terk edilmekten ya da bir arkadaşla bozuşmaktan farklı bir histi. Tanıdığı çocuk artık yoktu. Kimsenin suçu değildi bu.

Tommo'nun anıları her zaman olacaktı ve önünde biriktireceği daha fazla anı vardı ama bu boşluk hep kalacaktı.

Cesur olması gerekiyordu.

Dünyayı kurtarmıştı.

Salıncaktaki Hector'la Sascha'yı düşündü.

Maria'ya (Artık sadece *onun* hatırladığı Maria'ya) inanacak olursa, bir zamanlar Hector'un en iyi arkadaşıydı. Ama *bu* Hector'un değil... Sondan bir önceki dünyanın Hector'unun...

Bu konuda üzgün değildi, sadece merak ediyordu.

Çok fazlaydı.

Dünyanın kaç zaman çizgisi, kaç tane başka versiyonu olmuştu? Kimler kimlerle arkadaş olmuş, sonsuza kadar kaybolmuş hangi hikâyeler anlatılmıştı?

Zarları kaç kere atma şansınız olmuştu?

Sascha'yla Jayce'in evinden ayrılırken, önünde iki seçenek vardı: Sola dönüp, ormana geri gitmek ya da sağa dönüp evin yolunu tutmak.

İkincisini seçti.

Sabah çoktan olmuştu.

Bütün gece dışarıdaydı.

Birileri onun için endişelenmiş olabilirdi.

Sokağın başında durdu. Hırıltıyla nefes alıyor, göğsü sıkışıyordu. Cebinden astım cihazını çıkardı.

Bir puf çekerken, bir kadın yaklaştı.

Nereye gittiğine bakmıyordu ve neredeyse çarpacaktı Tommo'ya.

Koyu, ama eski püskü bir takım giyinmişti. Elinde bir alet tutuyordu. Bir cep telefonu olabilirdi ya da başka bir şey...

Geçen geceki Unauthorised Temporal Reweave tarafından harekete geçen bozuklukları takip ediyor, diye düşündü Tommo. Ve bu sözlerinin kendisini bir casus gibi hissettirmesine güldü.

"Özel Ajan Jofolofski," dedi.

Kadın durdu ve koyu gözlüklerinin içinden ona baktı.

"Seni tanıyor muyum?" dedi.

Ben sizi tanıyorum, diye düşündü Tommo.

"Sanırım hayır," dedi. "Ben sadece şunu söylemek istiyorum ... Maria sizin çabaladığınızı söyledi ve insan başka ne isteyebilir ki? Kızgın değildi . . ." Durdu, yutkundu, kelimeleri seçmekte bocaladı, gözyaşlarının akacağını hissedip tuttu onları. "Ama onu da kurtaramadığım için üzgünüm. *Beni o* kurtardı."

Özel ajan gözlüklerini çıkarıp ona baktı.

Gözleri yorgundu ama şaşkın değildi.

"Sanırım konuşmamız gerek, öyle değil mi?" dedi ve ona kartını uzattı. "Temizlenip kendini toparladığında beni ara. Geceyi ormanda savaşarak geçirmiş gibi görünüyorsun."

"Ondan da kötü," dedi Tommo.

"Evrak işlerini ben hazırlarım," dedi. "Resmî olmayan Sırlar Hareketi ve bütün hepsi . . . Majesteleri, yardımından ve diğer yaptıklarından ötürü sana teşekkür ediyor . . . Ve sonra bunu neden imzaladığını bana söyleyebilirsin."

Tommo yolun yukarısına, tepeye doğru uzaklaşırken kadın onu izliyordu.

Demir raylarına doğru giden yol boyunca, kadının gözlerinin ensesinde olduğunu hissedebiliyordu Tommo.

Onu sevmişti.

Bu dünyada bile, ona bir çocuk gibi davranmamıştı.

Nihayet köşeyi dönüp sokağına vardığında, evinin önünde park edilmiş bir polis arabası gördü.

İçinden bir ses, "Kaç!" diye fısıldadı ona, ama dinlemedi.

İçinde başka bir ses, "Kaybolacak olsan, baban bir gece sonra polisi arayacak kadar seni umursamazdı, öyle değil mi?" diye fısıldadı.

Bugün bugündü ve bugünlerle ilgili yapılacak tek şey, onları yaşamaktır.

"Bütün bunlardan sağ salim çıktın, hiç kimsenin inanmayacağı şeyleri gördün, yaşadın," dedi kendisine. *Bunu yapabilirsin. Kapıyı aç ve eve gir.*

Eve doğru yürüdü.

Arabanın yanından geçerken, parmağını arabanın beyaz metali üzerinde sürükledi.

Yaşlı bir komşunun, evinin açık kapısına yaslanıp, kocasına, "Kayıp çocuk evine geldi. Demiştim sana ben, gerçekten kaybolmamış," diye fısıldadığını duydu.

Tam anlamıyla şaşkın ya da etkilenmiş gibi durmuyordu.

Bu yeni dünyada, bunu sık sık yapıp yapmadığını merak etti.

Yeni Tommo'nun, olmayı öğrenmek zorunda kalacağı Tommo'nun . . .

Evin önündeki aradan geçip, yukarıya, ahşap çitlere, gölgelere ve bir çöp kutusunun üstüne yayılmış kediye baktı.

Garaj yollarında yeni bir araba vardı, önceki dünyadakinden farklı bir araba . . .

(Bunun bir anlamı olmalıydı. Babası gerçekten *yeşil* bir araba seçer miydi kendisine? Yoksa . . . ?)

Derin bir nefes alıp eve giden yolda yürüdü. Arkayı dolanıp bahçe kapısından içeri girdi ve kapı kolunun soğuk metaline elini koydu.

Tepedeki güneş sımsıcaktı.

Kendisini çalı çırpının içinden çekip almışlar gibi görünüyordu.

Bir hırıltının rahatlatıcı gıdıklayışı geçti boğazından.

Kolu bastırıp kapıyı sonuna kadar açtı, içeride ne bulacağını bilmeden. Ya da kimi...

Ve içeri girdi.

A.F. Harrold

A. F. Harrold İngiliz şair ve yazardır. Hem çocuk hem de yetişkinler için eserler yazıp sahnelemektedir. Mini Grey tarafından resimlendirilen *The Book of Not Entirely Useful Advice;* Levi Pinfold tarafından resimlendirilen *The Song from Somewhere Else*; Sarah Horne tarafından resimlendirilen Fizzlebert Stump serisi, Joe Todd-Stanton tarafından resimlendirilen Greta Zargo ikilisi; Emily Gravett tarafından resimlendirilen ve CILIP Carnegie ve Kate Greenaway Madalyaları'na uzun süredir aday gösterilen *The Imaginary* (*Hayali*) ve *The Afterwards* eserlerinin yazarıdır. Ayrıca *Midnight Feasts* gibi birçok şiir koleksiyonunun derleyicisidir. Harrold, bir stand-up komedyeni ve iki kedisiyle birlikte Reading'de yaşamaktadır.

Levi Pinfold

Levi Pinfold kendisini bildi bileli hayal gücünden beslenerek çizimler yapmaktadır. *The Django, Black Dog* ve *Greenling* ödül kazanmış resimli kitapları arasındadır. *Black Dog*, prestijli CILIP Kate Greenaway Madalyası'nı kazanmıştır. Levi daha sonra David Almond tarafından yazılan *The Dam* ve A.F. Harrold tarafından yazılan ve *The Song from Somewhere Else* kitaplarıyla iki kere daha aynı ödüle aday gösterilmiştir. *The Song from Somewhere Else* aynı zamanda Amnesty CILIP Onur Ödülü kazanmıştır. Forest of Dean'de doğan Levi şu anda Avustralya'da ailesiyle birlikte yaşamaktadır. Sanat, müzik, kitaplar ve bazı kediler sevdiği şeyler arasındadır.

Ümmühan Altun Şaşmaz

1985 yılında İstanbul'da doğdu. Liseyi Çapa Anadolu Öğretmen Lisesinde okudu. 2007 yılında Boğaziçi Üniversitesi İngilizce Öğretmenliği bölümünden mezun oldu. Üniversite yıllarından itibaren öğretmenliğin yanı sıra, çeşitli bilimsel ve akademik çeviriler yaptı. Thomas Hardy'nin *Orman Sakinleri* ile *Yabana Dönüş* isimli eserlerini çevirdi. Çeviri çalışmalarına hâlâ devam etmektedir.